Heimannsberg / Namokel / Fischer

NON-PROFIT-ORGANISATIONEN IN DIE ZUKUNFT ENTWICKELN

EHP – ORGANISATION

Hrsg. von Gerhard Fatzer
in Zusammenarbeit mit Wolfgang Looss und Sonja A. Sackmann

Autorinnen und Autor

Barbara Heimannsberg, Soziologin, M.A.; Beraterin, Coach, Supervisorin (DGSv) und Teamentwicklerin in freier Praxis; spezielle Erfahrung in den Feldern Gesundheitswesen, Bildung und psychosoziale Beratung; Lehrsupervisorin und Lehrtätigkeit an Hochschulen und Ausbildungsinstitutionen. Autorin und Mitherausgeberin mehrerer Fachpublikationen im Bereich humanistische Psychologie, Therapie und interkulturelle Beratung.

Zum beruflichen Hintergrund gehören ein sozialwissenschaftliches Studium, Qualifikation in integrativer Gestalttherapie, mehrjährige therapeutische Tätigkeit in stationären Einrichtungen und die Wahrnehmung von Leitungsaufgaben sowie eine Zusatzqualifikation in integrativer Supervision und Lehrsupervision.

Herbert Namokel, Berater, Trainer und Coach mit den Schwerpunkten Change-Management, Führungs- und Vertriebstraining sowie individueller Beratung von Einzelpersonen und Teams. Internationale Tätigkeit als Berater in Osteuropa, Südostasien und im südlichen Afrika; Veröffentlichungen zu den Themen Vertrieb, Management und Organisationsentwicklung. Gründer und Geschäftsführer von CONTRAIN GmbH, einem Beratungs- und Trainingsunternehmen.

Zum Hintergrund gehören ein Studium der Ingenieurswissenschaften und verschiedene Führungspositionen in den Bereichen IT, Vertrieb und Personalentwicklung; Zusatzqualifikationen in Industrial Ingeneering, Integrative Supervision sowie in systemischen und psychodramatischen Ansätzen.

Heike Fischer, Beraterin, Trainerin und Coach für Nonprofit-Organisationen und in der freien Wirtschaft. Arbeitsschwerpunkte sind die Weiterbildung von Führungskräften und die Beratung und Begleitung von Organisationen in Veränderungsprozessen. Besondere Erfahrung in der Beratung von Frauen im Beruf. Seniorpartnerin der CONTRAIN GmbH.

Zum beruflichen Hintergrund gehören ein pädagogisches Studium und eine mehr als zehnjährige Tätigkeit als Projektmanagerin und Geschäftsführerin im Nonprofit-Bereich sowie Zusatzqualifikationen in integrativer Supervision und Management of Change.

Barbara Heimannsberg /
Herbert Namokel / Heike Fischer

NON-PROFIT-ORGANISATIONEN IN DIE ZUKUNFT ENTWICKELN

Kein Profit ohne Non-Profit:
Bürgersinn und sozialer Gewinn

EHP
– 2013 –

© 2013 EHP - Verlag Andreas Kohlhage, Bergisch Gladbach
www.ehp-koeln.com

Redaktion: Nina Zimmermann

Bibliografische Information der Deutschen Nationalbibliothek
Die Deutsche Nationalbibliothek verzeichnet diese Publikation in der
Deutschen Nationalbibliografie; detaillierte bibliografische Daten sind
im Internet über http://dnb.d-nb.de abrufbar.

Dieses Buch ist auch als E-Book erhältlich:
ISBN 978-3-89797-582-8 (EPub)
ISBN 978-3-89797-583-5 (PDF)

Umschlagentwurf: Gerd Struwe / Uwe Giese
– unter Verwendung eines Bildes von Claudine Fessler: ›NY Homeless Home‹, 2006
(www.c--art.ch) –
Satz: MarktTransparenz Uwe Giese, Berlin
Gedruckt in der EU

Alle Rechte vorbehalten
All rights reserved. No part of this book may be reproduced or transmitted in any
form or by any means, electronic or mechanical, including photocopying, recording or by any information storage and retrieval system, without permission in
writing from the publisher.

ISBN 978-3-89797-071-7 (Print)
ISBN 978-3-89797-582-8 (EPub)
ISBN 978-3-89797-583-5 (PDF)

Inhalt

Zur Reihe *EHP-Organisation* (Gerhard Fatzer)   9

Einleitung   13

TEIL I.

1. Gewachsene Organisationsformen zwischen Markt und Staat   21
2. Paradigmenwechsel von der Bedarfs- zur Marktorientierung   29
3. Historische Staatsnähe des Non-Profit-Sektors in Deutschland   39
4. Vielfalt, Mischformen und ein uneinheitlicher Sprachgebrauch   49
5. Trends und Herausforderungen   61
6. Wandel und Identität von Non-Profit-Organisationen   71

TEIL II.

Teamentwicklung bei der AOK   91
    Die AOK als gesamte Organisation   91
    Die betrachtete Teilorganisation   92
    Ausgangslage und Hintergrundinformationen   94
    Rolle der Berater   96
    Das Konzept   98
    Der tatsächliche Prozess   102
    Kritische Würdigung des Projekts   107
    Fazit   112

Kundenorientierung bei einer Berufsgenossenschaft   117
    Die Berufsgenossenschaften als Institution   117
    Rechtsform und Organe der BG   118
    Die Geschichte der Berufsgenossenschaft   119
    Kritik an den Berufsgenossenschaften   120
    Vergleich zu anderen Ländern   121
    Andere Unfallversicherungsträger   122

Perspektive	123
Aufbaustruktur dieser Berufsgenossenschaft	123
Auslöser des Projektes »Kundenorientierung«	125
Auswirkung von Wettbewerb	126
Zielsetzung des Projektes	126
Die geplanten Prozessschritte	128
Die Projektidee	131
Der Projektplan	132
Der tatsächliche Prozess	136
Nachhaltigkeit des Projektes	137
Kritische Würdigung des Projektes	138
Projektmanagement in der katholischen Kirche	**143**
Große Freiräume im Rahmen der Werte	143
Die Organisation	143
Die Ausgangslage des Projektes	145
Ziele des Projektes	146
Das Projekt	147
Die Praxisprojekte	149
Die Einzelsupervision	150
Kritische Würdigung des Projektes	152
Planung eines sozialpädagogischen Ausbildungszentrums SPAZ	**155**
Vorbemerkung	155
Ausgangslage	155
Kontext und Lage verschiedener Interessen	156
Die Berufsschule als Organisation	158
Das Projekt SPAZ	xx
Fazit	165
Facility Management im Schulamt	**169**
Die Ausgangslage	169
Die Projektphasen	170
Die neue Organisation	173
Methodisches Vorgehen	175
Fazit	176

TEIL III.

**Unterschiede zwischen Profit-Organisation
und Non-Profit-Organisation**   185

   Interview mit einem Manager, der in beiden Bereichen gearbeitet hat
und der gute Vergleiche anstellen kann   185

Erfolgsfaktoren für den Change in Non-Profit-Organisationen   191

Resümee und Ausblick   193

Literatur   199

Zur Reihe *EHP-Organisation*

Die Reihe stellt wichtige Basistexte zum Bereich der Organisationsentwicklung und des Change Managements sowie neue, grundlegende Texte und Übersetzungen für den deutschsprachigen Leser vor und leistet damit seit 1988 Pionierarbeit. Dabei werden unterschiedliche Interventionsformen ausführlich dargestellt, um zur Entwicklung einer Beratungswissenschaft jenseits der reinen Technikorientierung beizutragen. Die Reihe widmet sich besonders dem interkulturellen Austausch zwischen Europa, Amerika und anderen Kulturräumen.

EHP-Organisation stellt sowohl Diskussionsgrundlagen und Denkfiguren im Bereich der OE für das 3. Jahrtausend als auch historische Grundlagen der OE in ihrer Aktualität bereit. Anliegen war es stets, eine Reihe mit sorgfältig ausgewählten Titeln zu entwickeln, inspiriert durch amerikanischen Kollegen und die langjährigen Wegbegleiter Chris Argyris, Edgar H. Schein, Fred Massarik (†), Ed Nevis (†) (mit Nevis' *Organisationsberatung* startete die Reihe), Warren Bennis und die Kollegen um Peter Senge am M.I.T. und Claus Otto Scharmer, aus deren Kreis sich auch die Consulting Editors von *EHP-Organisation* rekrutieren.

Der verantwortliche Herausgeber der Reihe stellte mit *Supervision und Beratung* die Grundlagen von Supervision und Organisationsberatung umfassend dar – mit seinen zahlreichen Auflagen ist es bis heute eines der erfolgreichsten Handbücher des Feldes. Ergänzend dazu erschien *Gute Beratung von Organisationen – Supervision und Beratung 2*.

Die *Trias-Kompasse* bilden Trends und Diskussionslinien ab und ermöglichen eine Orientierung im Feld der Organisationen und unterschiedlicher Beratungsformen (Bd. 1: *Erfolgsfaktoren von Veränderungsprozessen*, Bd. 2: *Schulentwicklung als Organisationsentwicklung*, Bd. 3: *Zur Bedeutung von Kurt Lewin*, Bd. 4: *Nachhaltige Transformation in Organisationen*).

Organisationsentwicklung für die Zukunft, widmet sich ausführlich den Grundlagen der lernenden Organisation von Peter Senge u.a. und machte sie – wie ebenfalls die Arbeiten von Chris Argyris zur »eingeübten Inkompetenz« und zu »defensiven Routinen« – zum ersten Mal im deutschen Sprachraum bekannt. Außerdem liegt eine Neuauflage eines Standardwerks zur Lernenden Organisation und zur Schulentwicklung vor (Gerhard Fatzer: *Ganzheitliches Lernen*).

Neben internationalen Autoren publizieren wichtige deutschsprachige Autorinnen und Autoren in der Reihe wie zum Beispiel eine Autorengruppe um die VW-Coaching-Abteilung (*Der Beginn von Coachingprozessen*): Billmeier, Kaul, Kramer, Krapoth, Lauterbach und Rappe-Giesecke. Wolfgang Looss hinterfragte als erster kritisch den Coaching-Begriff, als der große Hype um den Begriff im deutschsprachigen Raum noch gar nicht gestartet war: Zusammen mit Kornelia Rappe-Giesecke und Gerhard Fatzer untersuchte Looss in dem Band *Qualität und Leistung von Beratung* die drei Beratungsmethoden Supervision, Organisationsentwicklung und Coaching. Looss' Klassiker *Unter vier Augen: Coaching für Manager* ist bis heute eines der wichtigsten Bücher zum Thema geblieben.

Die Reihe orientiert sich nicht an Trends, und dort, wo die Professional Community der Berater, Coaches und Supervisoren ihre eigenen Grundlagen und Methoden nicht ausreichend berücksichtigt, ist es Ziel von *EHP-Organisation*, Einbahnstraßen der Wahrnehmung und kulturelle Ignoranz zu unterlaufen. Es kommen die Autorinnen und Autoren zu Wort, die diesen interkulturellen Dialog praktizieren und konzeptionell untermauern. So wird mit dem Band von Fatzer/Jansen (*Die Gruppe als Methode*) die oft ignorierte Kenntnis gruppendynamischer Grundlagen für die Entwicklung von Gruppen, Teams und Organisationen wieder zugänglich gemacht. Ein weiteres Beispiel ist die Monographie von Albert Koopman (*Transcultural Management*), die als erste ein erfolgreiches interkulturelles OE-Projekt dokumentierte und daraus ein breit anwendbares Modell der interkulturellen Beratung entwickelte. Das Buch von Barbara Heimannsberg und Christoph Schmidt-Lellek (*Interkulturelle

Beratung und Mediation) wendet die Grundlagen der Mediation auf den interkulturellen Bereich und auf die Organisationsentwicklung an. Zuletzt erschien dazu ein Buch, das dem Lebenswerk von Burkard Sievers gewidmet ist: Ahlers-Niemann / Beumer / Redding Mersky / Sievers: *Organisationslandschaften* mit einer weitgefächerten internationalen und multiprofessionellen Perspektive auf die destruktiven Prozesse in Organisationen. Arndt Ahlers-Niemann hat zusammen mit Edeltrud Freitag-Becker einen Band zu Netzwerken in die Reihe eingebracht, der ein breites Spektrum an Themen erschließt (*Netzwerke – Begegnungen auf Zeit. Zwischen Uns und Ich*).

Eine der wichtigen Interventionsformen, die *EHP-Organisation* (wie übrigens auch andere Veröffentlichungen im selben Verlag) besonders berücksichtigt, ist ›Dialog‹ als Methode: William Isaacs (*Dialog als Kunst gemeinsam zu denken*) und der Band von Christoph Mandl, Markus Hauser und Hanna Mandl (*Die schöpferische Besprechung*) haben hier im deutschsprachigen Raum Qualitätsstandards gesetzt. Die Autoren sind gleichzeitig Beiträger der Zeitschrift *Profile. Internationale Zeitschrift für Veränderung, Lernen, Dialog / International Journal for Change, Learning, Dialogue*, die mit ihrem Anliegen, das Verständnis von Menschen, Teams und Organisationen zu fördern, die Reihe *EHP-Organisation* ergänzt.

Die Arbeit von Ed Schein stand von Anfang an im Zentrum des publizistischen Auftrags von *EHP-Organisation*. Zahlreiche seiner Aufsätze erschienen früh in den Sammelbänden der Reihe und hier liegen seine Grundlagentexte in Übersetzungen vor. Sein Klassiker *Prozessberatung für die Organisation der Zukunft* ist einer der erfolgreichsten Bände der Reihe. Der Referenzcharakter von Scheins Büchern wird auch im provozierenden Buch *Organisationskultur* (›*The Ed Schein Corporate Culture Survival Guide*‹) unter Beweis gestellt. Seine Fähigkeit, auf lesbare Art komplexe Organisationszusammenhänge zu vermitteln, macht die Lerngeschichte von Digital Equipment Corporation auch zu einem Lektüregenuss (*Aufstieg und Fall von Digital Equipment Corporation. DEC ist tot, lang lebe DEC*) – die wahrscheinlich einzige Dokumentation des Beratungsprozesses eines Unternehmens über dessen gesamte

Lebenszeit. Scheins *Führung und Veränderungsmanagement* fasst zum ersten Mal seine Gedanken zu Führung in Unternehmen zusammen und wird durch eine Video-DVD mit einer Rede von Schein ergänzt. Zuletzt erschien Ed Scheins *Prozess und Philosophie des Helfens*, das ausführlich eine der Grundkompetenzen von Managern und Beratern vorstellt und die Überlegungen von *Prozessberatung* weiterführt, an den Heidig, Kleinert, Dralle, Vogt mit *Prozesspsychologie* anknüpfen – ein Ansatz, mit dem Unternehmen in entscheidenden Phasen von Veränderung begleitet werden.

Der vorliegende Band schließt an die kürzeren Darstellungen von OE-Prozessen aus dem NPO-Bereich an, die in einigen der vorliegenden Bände von *EHP-Organisation* zugänglich sind: Gesundheits- und Schulwesen, öffentlich-rechtliche Medien etc. Barbara Heimannsberg, Herbert Namokel und Heike Fischer gelingt neben der Darstellung unterschiedlich erfolgreicher Entwicklungsprozesse eine paradigmatische Darstellung von Organisationsentwicklung im Non-Profit-Bereich, der so umfassend ist, dass er Modellcharakter bekommt.

Wie immer freuen sich Herausgeber, Autoren und Verlag, wenn Sie als Leser diesen Band wie die gesamte Reihe als Möglichkeit zum Dialog innerhalb der globalen Professional Community verstehen.

Gerhard Fatzer

Einleitung

Die Idee zu diesem Buch entstand schon vor einigen Jahren. Es war die Zeit inflationärer Managementmethoden und Change-Projekte. Die Politik der Agenda 2010 verlangte Einschnitte in den Sozialstaat. Hilfeempfänger versuchte man, »fordernd und fördernd« in Arbeit zu bringen. Die Umsetzung der Hartz-Reformen war in vollem Gange. Die öffentliche Verwaltung und der Non-Profit-Bereich passten sich der neuen Zeit an.

So waren Managementstrategien in soziale Handlungsfelder und Humandienste vorgedrungen. Damit traten Effizienz und Kostenersparnis erkennbar in den Vordergrund. Diese Phänomene lösten bei uns, dem Autorenteam, Unbehagen aus.

Das war der Ausgangspunkt für einige kritische Betrachtungen und Fragen zu Phänomenen der Organisationsentwicklung im Non-Profit-Bereich. Dabei verknüpfen wir sozialhistorische Blickwinkel und wissenschaftliche Konzepte mit praktischer Erfahrung. Die unterschiedlichen Wissensfelder und Erfahrungsquellen im Autorenteam ergeben eine breite Varianz von Perspektiven. Unsere gemeinsame Basis ist ein integrativer Beratungs- und Interventionsansatz. Diese Gemeinsamkeit entstand durch die Zusammenarbeit bei der Beratung von Non-Profit-Organisationen.

Wir verstehen Organisationen als soziale Systeme und gehen davon aus, dass Menschen in Organisationen ein Maß an Eigensinn hervorbringen, mit dem sie sich der ökonomischen Verwertung entziehen können – speziell in Organisationen, die explizit gemeinnützige Ziele verfolgen.

Die Kernthesen lauten:

1. Die Ökonomie hat eine Macht über das Leben und Denken der Menschen gewonnen, die ihr nicht zusteht.

2. Märkte sind moralisch blind. Wenn alles Markt ist, fehlt ein Gegengewicht zur Wettbewerbslogik – nämlich solidarisches Handeln, das Lebensqualität schafft und die Gesellschaft zusammenhält.
3. Non-Profit-Organisationen, die zu Profit-Organisationen zweiter Klasse umstrukturiert werden, um im Sinne der Marktlogik zu funktionieren, riskieren ihre Identität – und die Motivation ihrer Mitarbeiter.
4. Es ist an der Zeit, im Non-Profit-Bereich das Verhältnis von ökonomischen und nicht-ökonomischen Zielen vom Kopf auf die Füße zu stellen.

Die Klärung des Non-Profit-Begriffs gestaltete sich schwierig. Schnell wurde deutlich, dass rein formale Unterscheidungen ohne historische Tiefe zu kurz greifen. Was unter Non-Profit-Organisation verstanden wird, variiert beträchtlich. Der Begriff »Non-Profit« ist vor allem in wissenschaftsnahen Diskussionen und unter Managern gebräuchlich. Er stammt aus dem angelsächsischen Sprachgebrauch und meint eigentlich »not for profit«. In der angloamerikanischen Diskussion legt man vor allem auf die Unterscheidung von Organisationen innerhalb des privaten Sektors Wert. Die Grenzziehung zwischen öffentlichem und privatem Sektor ist dagegen in den USA selbstverständlich. NPO werden häufig auch als Dritte-Sektor-Organisationen zwischen öffentlichen Institutionen (Staat) und gewinnorientierten Unternehmen (Markt) bezeichnet. In der Realität sind die Übergänge aber fließend. Und die historisch gewachsenen Phänomene zeigen eine große Variationsbreite. Im deutschsprachigen Raum ist der Non-Profit-Sektor – anders als in Nordamerika – in vielfacher Weise mit dem öffentlichen Sektor verbunden. Deshalb haben wir unseren Non-Profit-Begriff diesen Verhältnissen angepasst.

Dieses Buch ist in drei Hauptteile gegliedert. Der theoretische erste Teil umfasst sechs Abschnitte, die aus unterschiedlichen Blickwinkeln praxisrelevante Kontexte der Entwicklung von NPO beleuchten und mit übergreifenden Wandlungsprozessen in Beziehung setzen. Der Praxisteil umfasst fünf Falldarstellungen, die die Organisationsentwicklung im Non-Profit-Feld anhand konkreter Beispiele mit spezifischen Methoden und Instrumenten anschaulich machen. Der abschließende dritte Teil versucht sich auf unterschiedliche Weise an einem Resümee: Was sind die Unterschiede zwischen dem Profit- und dem Non-Profit-Bereich und was sind die Bedingungen für erfolgreiche Veränderungsprozesse in NPO?

Da Entwicklung per se die zeitliche Perspektive einschließt, haben wir auf die Darstellung historischer Wurzeln und in die Zukunft weisender Trendlinien großen Wert gelegt. Die Betrachtung ist mehrdimensional und vielschichtig. Mit Blick auf Wechselverhältnisse mit anderen Systemen und Prozessverläufen werden Zusammenhänge auf der Mikro-, Meso- und Makroebene beleuchtet.

Abschnitt 1 gibt einen einführenden Überblick über wichtige Aspekte, die später vertieft werden: Die Auffächerung des Non-Profit-Sektors zwischen Markt und Staat; historische Entwicklungspfade; die damit zusammenhängende wohlfahrtsstaatliche Prägung großer Teile des Non-Profit-Sektors; seine volkswirtschaftliche Bedeutung; sein zivilgesellschaftliches Potenzial; seine gesellschaftliche Funktion; die Formenvielfalt; und die historische Staatsnähe vieler NPO – in den alten wie in den neuen Bundesländern.

Abschnitt 2 beschreibt den Wandel von der Bedarfs- zur Marktorientierung im Kontext der Globalisierung. Wichtige Veränderungen sind in diesem Zusammenhang die Verwaltungsreform und die Neuordnung des Sozialstaates. Dieser Paradigmenwechsel begünstigt durchgehend ökonomische Sinnstrukturen, die im Non-Profit-Sektor außer den erwünschten Effekten auch deutliche Risiken mit sich bringen.

Abschnitt 3 zeichnet die relative Staatsnähe großer Teile des Non-Profit-Sektors in Deutschland nach – und zwar mit Blick auf sozialgeschichtliche Wurzeln der deutschen Wohlfahrtsproduktion, die bis zu den preußischen Reformen und Bismarck'schen Sozialversicherungen zurückreichen. Die Eigenheit des sozialstaatlichen Modells in Deutschland wird auch im Vergleich zu Entwicklungspfaden in anderen Ländern deutlich.

Die Vielfalt der Phänomene und der uneinheitliche Gebrauch des Non-Profit-Begriffs sind Gegenstand des *4. Abschnitts*. Die gebräuchlichen Kategorien »Profit« im Unterschied zu »Non-Profit« und die Dreiteilung *Markt – Staat – Dritter Sektor* haben wir aufgegriffen. Aber die Grenzen sind unscharf. Es gibt fließende Übergänge und zahlreiche Mischformen. Deshalb zählen wir einen Teil der staatlichen und halbstaatlichen Organisationen zum Non-Profit-Sektor.

Abschnitt 5 greift erneut die zeitliche Perspektive auf und lenkt den Blick auf zukünftige Herausforderungen, die bereits jetzt erkennbar sind. Der Non-Profit-Sektor ist auf Wachstumskurs. Die Bedeutung zivilgesellschaftlicher und Wohlfahrt produzierender Organisationen nimmt offensichtlich zu. Auf der Ebene internationaler Projekte (Europäische Union, Vereinte Nationen, Weltbank etc.) bilden sich interessante Kooperations- und Partizipationsformen heraus, in denen Nichtregierungsorganisationen eine wichtige Rolle spielen.

Abschnitt 6 betrachtet vornehmlich die Ebene der Organisation. Bewegungen auf anderen Ebenen treten hier als externe Entwicklungsimpulse in Erscheinung. Veränderungen der Arbeitswelt gehören teils zu den Begleiterscheinungen von Modernisierung und Beschleunigung, teils zu den Auslösern neuer Anpassungsprozesse. Weitere Entwicklungsschübe sind zu erwarten. Die zukunftssichernde Entwicklung von NPO hat dabei bestimmte Schlüsselfaktoren zu beachten, die sich aus der Akteurperspektive und der Rolle von Personen bei der Leistungserbringung der Organisation ergeben.

Der erste Fall im Praxisteil veranschaulicht ein Projekt der Teamentwicklung bei der AOK. Die Allgemeine Ortskrankenkasse basiert auf dem Solidargedanken und steht heute im Wettbewerb zu anderen Krankenversicherern. Die ursprünglichen Ziele der gesetzlichen Krankenversicherung treten dabei zugunsten der Verbesserung der Wettbewerbsfähigkeit in den Hintergrund. Der tief greifende Wandel vom Solidarprinzip zum Prinzip des Wettbewerbs wirkt sich spürbar auf die Identifikation und Motivation der Mitarbeiter aus, fördert auch Konkurrenz im Innenverhältnis und erschwert damit Teamarbeit. Damit stößt Teamentwicklung an enge Grenzen.

Bei der zweiten Fallbeschreibung geht es um Organisationsentwicklung in einer Berufsgenossenschaft bei Wahrung ihrer Identität als Körperschaft des öffentlichen Rechts. Wenig Widerstand gab es bei Mitarbeitern und Führungskräften gegen den Wandel an sich. Aber es gab den Versuch, den Prozess so zu verlangsamen, dass am Ende dabei wunschgemäß eine adäquate Anpassung herauskommt. Tatsächlich begab sich die Organisation in einen gelungenen Change-Prozess zur Vorbereitung einer Fusion.

Das dritte Fallbeispiel betrifft den kirchlichen Bereich. Erklärtes Ziel der Entwicklungsmaßnahme war ein Transfer von Know-how aus der Wirtschaft in die katholische Kirche. Unter dem Deckmantel eines Weiterbildungsangebots mit der Überschrift »Projektmanagement« wurden hier Kenntnisse des Changemanagements vermittelt. Ziel war die Modernisierung und Verbesserung der Wettbewerbsfähigkeit in Hinblick auf die kirchliche Klientel.

Der vierte Fall veranschaulicht komplexe Vernetzungen im Non-Profit-Feld. Eine Berufsschule soll zu einem sozialpädagogischen Ausbildungszentrum erweitert werden. Kommune und Kreis sind an dem Projekt beteiligt, andere öffentliche und private Träger müssen eingebunden werden – und die Politik muss zustimmen. Um die Koordination voranzubringen, tritt ein Wirtschaftsunternehmen mit seiner Stiftung als Sponsor auf und unterstützt das Projekt in Form von Beratungsleistung. Der Fall zeigt eine gelungene Kooperation zwischen Profit- und Non-Profit-Bereich.

Beim fünften Fall handelt es sich um ein Projekt in einem Schulamt. Bedroht von der Ausgliederung des Facility-Managements organisiert sich das Schulamt bei der Verwaltung seiner Liegenschaften völlig neu. Dieser Fall zeigt, wie innovativ öffentliche Verwaltung sein kann. Er zeigt aber auch, wo die Grenzen liegen, nämlich bei den betroffenen Menschen, die zu berücksichtigen sind, aber auch im Zusammenspiel mit der politischen Ebene einer Großstadt.

Dieses Buch wendet sich an alle, die in NPO Verantwortung tragen für den Fortbestand der Organisation und damit auch für den immer wieder anstehenden Wandel. Es wendet sich aber auch an Berater und Trainer, die diese Organisationen und ihre Mitarbeiterinnen und Mitarbeiter unterstützen und begleiten. Es soll einen Beitrag dazu leisten, die Bedeutung der NPO zu sehen und zu würdigen, als größter Arbeitgeber im Lande, als ergänzende Kraft zu den Profitorganisationen und als Stabilisator für den sozialen Frieden. Die Autoren wollen die NPO und ihre Mitarbeiter ermutigen, selbstbewusst aufzutreten, auch im notwendigen Wandel ihre Identität zu wahren und sich als gleichwertiger Teil des Wirtschafts- und Gesellschaftssystems zu verstehen. Der Non-Profit-Bereich ist die andere Seite ein und derselben Medaille.

TEIL I.

1. Gewachsene Organisationsformen zwischen Markt und Staat

Der Bereich zwischen Markt und Staat umfasst ein Segment von breit gefächerten Aktivitäten und Organisationen, die als Dritter Sektor bezeichnet werden. In Europa und vor allem in Deutschland hat das Vereinswesen dabei eine herausragende soziale und kulturelle Bedeutung. Die Vielfalt von Vereinen, Vereinigungen und Gemeinschaften entspricht der gesellschaftlichen Pluralität. Durch Selbstorganisation und Eigenbeteiligung von Mitgliedern können Vereine und Verbände staatliche Leistungen ergänzen oder auch durch Selbsthilfe zum Teil ersetzen. Parteien, Gewerkschaften und Kirchen sowie deren Teilgruppierungen sind zwar ebenfalls im gesellschaftlichen Raum zwischen Markt und Staat aktiv, erfüllen aber nicht die rechtlichen Kriterien des Vereins. Parteien und Gewerkschaften spielen als Akteure im politischen System eine herausragende Rolle. Die differenzierte Betrachtung politischer Organisationen im Kontext der Entwicklung des politischen Systems in Deutschland würde aber den Rahmen dieses Buches sprengen. Deshalb konzentrieren wir uns hier auf Teile des öffentlichen Sektors und auf Vereine und Verbände, die sich allgemeinen, sozialen oder kulturellen Belangen widmen.

Die Ausfächerung des gesamten Non-Profit-Bereichs wurde vor allem durch die Industrialisierung zu Beginn des 19. Jahrhunderts vorangetrieben.

Es gab damals eine Welle von Vereinsgründungen, die alle Lebensbereiche betraf. Dazu gehörten gelehrte Gesellschaften, Bildungsvereine, Musik- und Theatervereine, Lesegesellschaften, Schützen- und Feuerwehrvereine, Armenvereine und Sparvereine. Etwa zeitgleich entstanden Selbsthilfeorganisationen wie Kranken- und Sterbekassen. Diese Gründungen waren lokal orientiert und hatten zunächst kaum übergreifende politische Zielsetzungen. Interessenverbände mit großen Mitgliederzahlen betraten erst in der zweiten Hälfte des 19. Jahrhunderts die politische Bühne.

Industrielle Wachstumsschübe, die Verstädterung und die sie begleitenden reduzierten Selbstversorgungsmöglichkeiten der Industriearbeiter – all das verschärfte in der zweiten Hälfte des 19. Jahrhunderts die Armutsproblematik. So riefen die Risiken der Industrialisierung schützende Maßnahmen vonseiten des Staates auf den Plan. Schritt für Schritt wurden soziale Sicherungssysteme eingerichtet und gesetzlich verankert. Die wohlfahrtsstaatliche Prägung großer Teile des Non-Profit-Bereichs liegt hier begründet. Nichtstaatliche Wohltätigkeit, z. B. im Rahmen von Stiftungen, hatte es zwar schon in vormoderner Zeit gegeben, aber das 19. Jahrhundert war die eigentliche Blütezeit des Vereinslebens und karitativer Organisationen.

Im späteren Übergang von der Industrie- zur Dienstleistungsgesellschaft nahm der Bedarf an sozialen Diensten weiter zu. Mit dem Ausbau solcher Angebote wuchs auch die volkswirtschaftliche Bedeutung des Non-Profit-Sektors weiter an. Allein die beiden großen kirchlichen Wohlfahrtsverbände Caritas und Diakonisches Werk schaffen in Deutschland heute zusammen mehr als zwei Millionen Arbeitsplätze.

Vereine, Verbände und Gruppierungen, in denen sich engagierte Bürger zusammentun, werden zunehmend auch unter dem Begriff der Zivilgesellschaft zusammengefasst. Dazu gehören z. B. NGO (*non-governmental organisations*), die unabhängig von staatlichen Strukturen agieren. Ihre Legitimation beziehen zivilgesellschaftliche Organisationen aus Werthaltungen wie Gemeinsinn, Toleranz, Verständigung und Gewaltfreiheit. In autoritären Regimen, die freie Meinungsäußerung behindern, kann die Zivilgesellschaft die Rolle eines Modells selbstbestimmter, selbstbewusster Kooperation übernehmen. Die Bürgerrechtsbewegung der Leipziger Montagsdemonstrationen 1989/1990, die maßgeblich zum Zusammenbruch des DDR-Regimes beitrug, ist hier ein historisches Beispiel.

Zivilgesellschaftliche Beziehungs- und Kommunikationsnetze bieten Bürgern die Möglichkeit, sich wirksam zu artikulieren und die öffentliche Meinungsbildung zu beeinflussen. Menschenrechte, politische Partizipationsrechte oder Umweltthemen können so auf allen Ebenen der Gesellschaft bis in den internationalen Bereich hinein wirksam vertreten werden – und zwar auch unabhängig von privatwirtschaftlichen Interessen oder diplomatischen Rücksichtnahmen. Mit weltweiten Aktionen ohne Gewaltanwendung zu Themen wie Atomkraft, globale Erwärmung oder Artenschutz hat vor allem Greenpeace International hohe Aufmerksamkeit erlangt.

Wenn Politik und Staat oder Wirtschaftseliten das Vertrauen der Bürger verlieren, bietet der dritte Sektor Möglichkeiten der Selbstorganisation. Gerade in Phasen politischer und wirtschaftlicher Turbulenzen steigt der Bedarf an Problemlösungen, die im Non-Profit-Sektor organisiert werden. Hier findet sich das Potenzial, Fehlentwicklungen in anderen Sektoren auszugleichen. Bei Marktversagen ist in erster Linie der Staat – oder besser ein Staatenverbund – aufgerufen, regulierend einzugreifen. Bei Staatsversagen oder korrumpierter Politik bleibt allerdings nur die Selbstorganisation der Bürger. In den Wirren gesellschaftlicher Umwälzungen bilden bürgerschaftliche Zusammenschlüsse die Basis einer freiheitlichen Entwicklung. Nicht ohne Grund treten Demokraten für die Vereinsfreiheit als ein Grundrecht ein.

Die Vielfalt der Vereinslandschaft ist kaum darzustellen. Dem Spektrum der Ziele von Vereinen und den zahlreichen Formen zur Umsetzung des Willens ihrer Mitglieder entsprechen die unterschiedlichsten Vereinskulturen. Vereine lassen sich u. a. nach Sparten, Funktionen oder Interessen differenzieren (vgl. Agricola 1999, 36 ff.). Hier nur ein Überblick zu einigen Kategorien: Zusammenschlüsse aus Betroffenheit (z. B. Selbsthilfegruppen oder Bürgerinitiativen), Interessenvereine (Hobbyvereine, Brauchtums- und Sportvereine), Zusammenschlüsse zur Dienstleistung für andere (Trägervereine und Wohlfahrtsvereinigungen oder Automobilclubs oder Einrichtungen im Sozial-, Kultur- und Gesundheitsbereich) sowie Bürgervereine (z. B. Stadtteil oder Nachbarschaft), Fördervereine (Kulturmäzenatentum oder Bauförderung und Schulförderung) und Aktionsvereine (z. B. Umweltvereine und weltanschauliche oder politische Vereine).

Non-Profit-Organisationen sind genauso vielfältig wie ihre Aufgaben. Sie beziehen sich in erster Linie auf gemeinnützige Zwecke oder ideelle Güter. Die Ergebnisse lassen sich häufig gar nicht in Zahlen messen. Deshalb ist es so fragwürdig, Effizienzkriterien aus der Wirtschaft eins zu eins auf Entwicklungskonzepte im Non-Profit-Sektor zu übertragen. Zwar muss überall sparsam gewirtschaftet werden, denn frei von ökonomischen Zwängen ist keine Organisation. Aber im Non-Profit-Bereich steht monetäres Gewinnstreben nicht an erster Stelle.

Wie die Organisationszwecke, so unterscheidet sich in den drei Sektoren auch die Handlungslogik. Die Logik des Marktes heißt: »Besser sein als die Konkurrenz.« Eine gute Wettbewerbsposition sichert die Existenz des Unternehmens und die Gewinnchancen der Eigentümer oder Shareholder. Sogar das Prinzip der Kundenorientierung dient letztlich dem Wettbewerbsvorteil.

Im Non-Profit-Sektor überwiegen Ziele, die der Allgemeinheit dienen, Gemeinschaftsorientierung oder Mitgliedersolidarität: »Einer tritt für den anderen ein.« Mitmenschliches, solidarisches oder genossenschaftliches Handeln sind hier zentrale Prinzipien. Je nach Tendenz stammen die Leitlinien aus christlicher Mildtätigkeit (Caritas), aus dem Gemeindedienst (Diakonie) oder sie sind Ideen des aufgeklärten Humanismus. Wie weit sie im Organisationsalltag tatsächlich das Handeln bestimmen, ist allerdings eine andere Frage. Viele Organisationen sind an einem Punkt angelangt, wo der ursprüngliche Zweck der Organisation nicht mehr im Bewusstsein der Menschen verankert ist.

Der Staat hat im Sinne des Gemeinwohls die Aufgabe, öffentliche Güter und Dienste bereitzustellen. Hier geht es in erster Linie um einen Interessenausgleich nach den Spielregeln der Verfassung. Politische Eliten können jedoch an diesem Anspruch scheitern, wenn sie partikulare Interessen – z. B. den eigenen Machterhalt oder Lobbyinteressen – über das öffentliche Interesse stellen. Manche Politiker denken über Legislaturperioden kaum hinaus. Aber das sei hier nicht unterstellt. Staatliches Handeln steuert und reguliert, und zwar in erster Linie durch Beschlüsse, Gesetze und Verordnungen. Da der Staat für alle Bürger zuständig ist, haben Regierende den durchschnittlichen Bürger und Wähler im Blick. Und öffentliche Verwaltungen sind gehalten, im Rahmen ihres jeweiligen Befugnisbereichs »konform mit den Normen« zu entscheiden. Verordnungen müssen »ohne Ansehen der Person« angewendet werden. Daraus leiten sich für Bürger Rechte ab. Die Rationalität bürokratischer Herrschaft war immerhin einst ein Fortschritt der Moderne – und zwar mit Blick auf die persönliche Abhängigkeit der Untertanen von ihren Königen und Fürsten.

An die Logik des Interessenausgleichs im Sinne des Ganzen ist der Dritte Sektor nicht gebunden. Hier können Partikularinteressen vertreten und bedient werden. Denn der Staat ist letztlich nicht in der Lage, allen Bevölkerungsgruppen in dem von ihnen gewünschten Maße gerecht zu werden. Verbände, Vereine und Vereinigungen – auch gemeinnützige – können dagegen die spezifischen Interessen einzelner Personengruppen differenzierter wahrnehmen. So können sich Dritte-Sektor-Organisationen gezielt für die eigenen Mitglieder (Selbsthilfe) oder auch für andere Gruppen einsetzen (z. B. als Trägerverein, Dienstleistungsverein). Ein Beispiel für solch eine spezifische Vertretung ist der Sozialverband VdK, der für Menschen mit Behinderungen sowie für chronisch Kranke, Senioren, Patienten und sozial Schwache eintritt. Der Verband betreibt bundesweit über 400 Geschäftsstellen und zählt 1,5 Millionen Mitglieder.

Das Potenzial gesellschaftlicher Problembewältigung im Dritten Sektor zwischen Markt und Staat oder zwischen Wettbewerbsregime und Staatsdirigismus könnte für die zukünftige Entwicklung der globalen Gesellschaft entscheidend sein. Zumindest wenn man daran denkt, dass schlimmstenfalls beide Systeme – das politische und das Wirtschaftssystem – implodieren könnten. Genossenschaftliche Konzepte und Selbsthilfelösungen wären bekannte Alternativen, auf die man zurückgreifen könnte. So sind die Dreiteilung und die Konturierung der Unterschiede zwischen den drei Sektoren durchaus sinnvoll. Sie dient im Weiteren auch als Folie für die Beschäftigung mit Mischformen und fließenden Übergängen. Denn Hybridformen nehmen zu (s. u.: *4. Vielfalt, Mischformen und ein uneinheitlicher Sprachgebrauch*). Um die Vielfalt im Non-Profit-Bereich übersichtlicher zu kategorisieren, kann man zwischen staatsnahen, basisnahen und wirtschaftsnahen NPO unterscheiden.

Allerdings ist aus historischen und politischen Gründen die Verbindung zwischen dem öffentlichen und dem Dritten Sektor in Deutschland vergleichsweise eng. Die gewachsene Staatsnähe des Dritten Sektors betrifft vor allem den Wohlfahrtsbereich. Die Bismarck'sche Sozialgesetzgebung zur Absicherung gegen Krankheit, Berufsunfall und Invalidität (1883-1889) und auch spätere Maßnahmen der staatlichen Wohlfahrtspflege trugen dazu maßgeblich bei. In der Weimarer Republik wuchs der dritte Sektor vor allem mit der Arbeiterbewegung. Der Allgemeine Deutsche Gewerkschaftsbund (ADGB) überschritt 1920 die Mitgliederzahl von acht Millionen. In allen politischen, ökonomischen, sozialen und kulturellen Bereichen nahmen organisierte Interessen zu.

Demokratische Werte und Bürgerrechte hatten aber während der Weimarer Republik noch keinen ausreichenden Rückhalt. Zu sehr war die politische Kultur noch von obrigkeitlichem Denken beherrscht.

1933 begann ohne breiten Widerstand die nationalsozialistische Gleichschaltung von Gewerkschaften, Verbänden und Vereinen. Die zwangsweise Gleichschaltung folgte dem Führerprinzip sowie rückwärtsgewandten Bildern einer ständischen Gesellschaftsordnung.

Nach der militärischen Überwindung des Dritten Reiches stellte das Besatzungsregime in der britisch-amerikanischen Zone schon früh die Weichen für ein marktwirtschaftliches System. In der alten Bundesrepublik (BRD) wurde dann die sozialpolitisch flankierte marktwirtschaftliche Ordnung Basiskonsens der großen Volksparteien. Gewerkschaften und Interessenverbände formierten sich neu. Markt, Staat und Dritter Sektor konnten sich mit dem Konzept der sozialen Marktwirtschaft relativ gleichgewichtig entwickeln.

Im anderen Teil Deutschlands wurde der Non-Profit-Sektor weitgehend staatlich dominiert. In der Deutschen Demokratischen Republik (DDR) standen alle Verbände und Vereine unter Aufsicht der Sozialistischen Einheitspartei (SED). Die offiziellen Verbände hatten nicht nur gesellschaftliche, sondern auch halböffentliche Funktionen. Die Freie Deutsche Jugend (FDJ) etwa war ein Organ der Jugendpolitik in Schulen, Betrieben und Hochschulen. Nur Großorganisationen, wie etwa die Evangelische Kirche, konnten eine gewisse Eigenständigkeit bewahren. Unter ihrem schützenden Dach sammelten sich Ende der 1980er-Jahre oppositionelle Bürgerrechtler, die schließlich entscheidend zum Zusammenbruch des Regimes beitrugen. Friedens-, Menschenrechts- und Bürgerinitiativen, die vor allem durch die Leipziger Montagsdemonstrationen bekannt wurden, gehörten zu diesen Gruppen.

In der Wendezeit vom November 1989 bis zur Deutschen Vereinigung im Oktober 1990 lösten sich die Massenorganisationen der DDR in rasantem Tempo auf. Allerdings dehnten Organisationen aus dem Westen – Gewerkschaften, Wirtschaftsverbände, Kammern, Ärzteverbände, Wohlfahrtsverbände, Sportverbände – auch rasch ihre Strukturen nach Osten aus. Die schwächer und basisnah organisierten Bürgerinitiativen der Ex-DDR wurden von den etablierten Institutionen westlicher Provenienz geradezu aufgesogen.

Mit dem Zusammenbruch des Ostblocks und dem Ende des Kalten Krieges, der für die Nachkriegsgesellschaft so bestimmend war, begann auch die hohe Zeit der neoliberalen Doktrin. Wirtschaftsliberale Überzeugungen wurden im Laufe der letzten beiden Dekaden so selbstverständlich, dass sie wie Sachzwänge funktionierten. Rückblickend, nachdem ungezügelte Finanzmärkte ungeahnte Risiken hervorbrachten, erscheint dieses Phänomen als »Marktgläubigkeit«.

Der Glaube an die Selbstregulierung der Märkte dominierte das Verhältnis zwischen Wirtschaft, Staat und Drittem Sektor. Diese Verschiebung zugunsten der Marktlogik seit den 1970er-Jahren bis heute wird uns im nächsten Kapitel weiter beschäftigen.

2. Paradigmenwechsel von der Bedarfs- zur Marktorientierung

Zu Zeiten der Rivalität wirtschaftspolitischer Weltbilder zwischen Ost und West gab es in der Bundesrepublik Deutschland einen ganz eigenen Weg der wohlfahrtsstaatlichen Programmatik: die Soziale Marktwirtschaft. Dieses Programm stammte vom »Vater des Wirtschaftswunders«, Ludwig Erhard (1949-1962 Bundeswirtschaftsminister im Kabinett Adenauer und 1962-1969 Bundeskanzler). Die sozialpolitische Rahmung der Marktwirtschaft gehörte in den Jahren des Kalten Krieges zum Grundkonsens der großen Volksparteien und Wirtschaftsverbände in der BRD.

Nach der Implosion des Ostblocks konnte sich der Westen im Wettstreit der politischen Systeme als Sieger fühlen, da sich die Maxime der marktmäßigen Steuerung schließlich durchsetzte. Im Laufe dieser Entwicklung kam seit den frühen 1990er-Jahren der Sozialstaat ins Gerede. Im Weiteren wurden dann sozialstaatliche Funktionen aktivierenden arbeitsmarktpolitischen Instrumenten untergeordnet.

Die Neuordnung des Sozialstaates auf der Basis geopolitischer Veränderungen war aber nur ein Aspekt des dann folgenden weitreichenden Paradigmenwechsels in der Wirtschafts- und Gesellschaftspolitik. Die Übertragung ökonomischer Sinnstrukturen auf den Rest der Gesellschaft entwickelte sich zu einem Megatrend. Der bildete zusammen mit technischen Innovationen einen mächtigen Sog für Umstrukturierungen.

Seit den 1980er-Jahren brachte die Betriebswirtschaftslehre in raschem Tempo immer neue Wettbewerbsstrategien und Managementmethoden hervor. Die Optimierung von Geschäftsprozessen im Sinne hoher Kundenorientierung und ständiger Qualitätsverbesserung erzielte zuerst in der Autoindustrie spektakuläre Erfolge. Darauf wurde das Prinzip schlanker Unternehmensführung (Lean-Konzept) zunächst in anderen privatwirtschaftlichen Branchen eingeführt und schließlich als »Lean Service Management« auch auf den Dienstleistungssektor und den Non-Profit-Bereich übertragen. Der Caritasverband Wiesbaden war z. B. eine von vielen Non-Profit-Organisationen, die in den 1990er-Jahren diesem Weg folgten (vgl. Zöller 1994). Wirtschaftlicher Druck und die Abhängigkeit vieler Trägervereine von staatlicher Finanzierung spielten dabei sicher eine große Rolle. Die veränderten wirtschaftlichen Rahmenbedingungen im Zuge der Globalisierung erhöhten zu Beginn der 1990er-Jahre auch den Druck auf den öffentlichen Sektor. Zudem verstärkten die Kosten der Deutschen Einheit die Finanzprobleme öffentlicher Haushalte.

In dieser Situation fand die Idee Interesse, durch eine Verwaltungsreform die Haushaltskrise zu überwinden und die Wettbewerbsfähigkeit Deutschlands zu stärken. Dazu bot sich das Neue Steuerungsmodell (NSM) zur strategischen Steuerung öffentlicher Verwaltungen nach dem Tilburger Modell an. Die hoch verschuldete Stadt Tilburg hatte Instrumente der Betriebswirtschaft eingeführt, um aus der Ämterstruktur quasi eine Konzernstruktur zu formen. Diese Maßnahme folgte in weiten Teilen dem internationalen Trend des New Public Management (NPM). In vielen Kommunen wurden im Zuge des NPM neue finanzwirtschaftliche Instrumente eingeführt – z. B. die Doppik, die dem betrieblichen Finanzmanagement ähnelt. Das neue Steuerungsmodell ersetzte die bis dahin für Behörden typische Inputsteuerung (jährlicher Haushaltsplan) durch einen ergebnisbezogenen Ansatz. Dabei wird die Leistungserstellung öffentlicher Verwaltungen über »Produkte« gesteuert, die sich am Markt ausrichten.

Der Umbau von Behörden in moderne Verwaltungen mit dezentralen unternehmensähnlichen Organisationsstrukturen zog weitere Umstrukturierungen in Trägervereinen und Verbänden nach sich. Auch dort setzten sich weitgehend die Prinzipien des Lean Managements durch. Dazu gehört Zielvereinbarung ebenso wie Kundenorientierung und Qualitätsmanagement (vgl. Buestrich / Wohlfahrt 2008). Die Steuerung von »Dienstleistungsunternehmen« im öffentlichen wie im Non-Profit-

Sektor erfolgt somit über Kontrakte auf der Basis von Produkt- oder Leistungskatalogen.

Nachdem Wirtschaftsstandorte miteinander weltweit konkurrierten, schien die grundsätzliche Neuordnung des Sozialstaates unausweichlich. Auf das Ausgabenvolumen des Sozialsektors wurde vor allem aus Wirtschaftskreisen hingewiesen. Es mehrten sich kritische Stimmen, die sozialstaatliche Aufwendungen nicht mehr als historischen Erfolg bewerteten, sondern als Belastung. Der Blickwinkel verschob sich von der Bedarfslage zu den Kosten. Dem entsprach die politische Forderung nach mehr Eigenverantwortung und Eigeninitiative der Bürger bei der Daseinsvorsorge. Der Staat solle sich aus der Versorgerrolle zurückziehen und seine Interventionen lediglich auf Anregung und Rahmensetzung beschränken.

So kam Anfang der 1990er die Rede von der Krise des Wohlfahrtsstaates auf. Die Zahl der Sozialhilfeempfänger hatte sich seit den 1970er-Jahren vervierfacht. Soziale Leistungen kamen zunehmend unter Rechtfertigungsdruck: Angesichts der Herausforderungen des demografischen Wandels sei der Sozialstaat in der bisherigen Form nicht mehr finanzierbar. Deshalb solle sich der Staat auf seine Kernaufgaben besinnen. Die richtigen Anreizsysteme und die Effizienz von Märkten seien in der Bekämpfung von Arbeitslosigkeit wirksamer und gerechter als die »soziale Hängematte«. Doch gleichzeitig sprudelten in den 1990er-Jahren reichlich steuerlich begünstigte Spekulations- und Aktiengewinne. Die Zahl der Vermögensmillionäre nahm in dieser Zeit überproportional zu. Die öffentlichen Kassen dagegen leerten sich.

Haushaltsprobleme und neoliberale Prinzipien, die den Primat der Wirtschaft suggerierten, prägten das politische Klima der 1990er-Jahre nicht nur in Deutschland. In allen westlichen Industrienationen begann man, die sozialen Sicherungssysteme nach dem Modell von Anreiz und Sanktion (Fördern und Fordern) umzubauen. Umverteilung als Mittel der Sozialpolitik entsprach nicht mehr dem Geist der Zeit.

Durch den weltweiten Wettbewerb gerieten Löhne und Wohlfahrtsleistungen unter Druck. So wurde in Deutschland mit der Agenda 2010 ein umfassendes Reformprogramm auf den Weg gebracht. Dazu gehörten Einschnitte beim Arbeitslosengeld, die Zusammenlegung von Arbeitslosen- und Sozialhilfe sowie eine Flexibilisierung beim Kündigungsschutz. Im Jahre 2004 billigte der Bundesrat die Hartz-IV-Reformen.

Auch die Trägerlandschaft der Wohlfahrtspflege konnte sich dem Megatrend zu mehr Wettbewerb nicht entziehen. Mit der Einführung der Pflegeversicherung waren private Anbieter und freigemeinnützige Träger der Altenhilfe gleichgestellt. Damit wurde Trägerkonkurrenz erzeugt. Die Neufassung des SGB XI §80 von 1994 formulierte erstmals Wirtschaftlichkeitsregeln für Träger von sozialen Einrichtungen. Durch Präzisierungen der Sozialgesetzgebung (1996-2003) wurden Leistungsvereinbarungen und Qualitätsentwicklung bindend. Auf diese Weise regeln Rahmenverträge im Pflegebereich nicht nur Maßstäbe und Grundsätze für eine wirtschaftliche und leistungsbezogene Pflege, sondern auch Wirtschaftlichkeitsprüfungen und Personalrichtwerte. Leistungsvereinbarungen zwischen Kommunen und freien Trägern sind inzwischen in allen sozialen Bereichen Standard.

Auch in anderen Feldern – z. B. Wissenschaft, Kultur und Bildung – ist der Paradigmenwechsel deutlich spürbar. Museen präsentieren und vermarkten ihre Ausstellungen zunehmend mit Blick auf bestimmte Besucherschichten. Im Hochschulbereich organisiert die Deutsche Forschungsgemeinschaft (DFG) in Kooperation mit dem Wissenschaftsrat bereits die dritte Runde der Exzellenzinitiative. Deren erklärtes Ziel ist die Förderung der Spitzenforschung sowie die Anhebung der Qualität des Hochschul- und Wissenschaftsstandortes Deutschland.

Auf den Wettbewerb von Hochschulstandorten und die Internationalisierung der Arbeitsmärkte berufen sich auch die Initiatoren des Bologna-Prozesses zur schulischen Bildung. Im Mai 1998 wurde von Bildungsministern aus vier europäischen Staaten (Frankreich, Italien, Großbritannien und Deutschland) die Sorbonne-Erklärung (Gemeinsame Erklärung zur Harmonisierung der Architektur der europäischen Hochschulbildung) auf den Weg gebracht. Die Erklärung enthielt bereits Hinweise auf Reformziele, die ein Jahr später die Agenda des Bologna-Prozesses (Bologna Declaration 1999) bestimmen sollten: internationale Anerkennung von leicht verständlichen und vergleichbaren Abschlüssen, gestufte Studienstrukturen und die Einführung eines Leistungspunktesystems.

Im Bereich der schulischen Bildung sollen die PISA-Studien für internationale Vergleichbarkeit sorgen. Dieses Programm zur internationalen Schülerbewertung ist ein Projekt der Organisation für wirtschaftliche Zusammenarbeit und Entwicklung (OECD). In Deutschland wird die Studie von der Kultusministerkonferenz durchgeführt. Seit 2000 untersuchen OECD-Mitgliedsstaaten in dreijährigem Turnus Kenntnisse und Fähigkeiten von 15-jährigen Schülern. 2009 beteiligten sich daran insgesamt 34 Saaten.

In Deutschland hatte die Veröffentlichung der ersten Studie 2001 den sogenannten PISA-Schock ausgelöst. Denn die Leistungen deutscher Schüler waren im internationalen Vergleich mäßig bis schlecht ausgefallen. Zudem offenbarte das Ranking soziale Ungerechtigkeit. In keinem anderen Land war der Bildungserfolg so stark von der sozialen Herkunft abhängig wie in Deutschland. Der »PISA-Schock« führte zum Ausbau von Ganztagsschulen und zu vermehrten Anstrengungen zur Förderung frühkindlicher Bildung.

Schon bei der Betreuung der Jüngsten in Kindertagesstätten beginnt die Wettbewerbsorientierung. Fremdsprachen und Mathematik sollen den Kindern bereits im Vorschulalter nahegebracht werden. Manche Eltern wollen ihrem Nachwuchs durch die Wahl einer besonderen Kita verbesserte Startchancen verschaffen. Und Einrichtungen, die diesen Wünschen nachkommen, erfreuen sich langer Wartelisten.

Komparative Kriterien wie schneller, besser, effektiver haben sich in den Köpfen festgesetzt. Wir sind »überdurchschnittlich«, »im oberen Drittel«, »bei den Besten« oder »Spitze«. Sicherlich gehört Wettstreit zu Sport und Spiel und macht Spaß – produziert aber auch Verlierer. Im organisierten Sport, speziell im Spitzensport, geht es dabei schon lange auch um Kommerz.

Die Sinnstrukturen der Marktlogik ziehen sich als Spur der Modernisierung durch alle Non-Profit-Bereiche. Der Anpassungsdruck ist stetig gewachsen. Insofern sind die häufig genannten Sachzwänge als Auslöser für Strukturmaßnahmen real. Aber es gehören immer auch bewusste Entscheidungen dazu – vor allem politische Weichenstellungen.

Die Devise »mehr Markt, weniger Staat« war ja nicht nur ein Appell der Wirtschaft, sondern wurde von den politischen Akteuren – z. B. durch die Veräußerung öffentlicher Einrichtungen an Privatinvestoren – aktiv umgesetzt. Viele NPO wurden in Aktiengesellschaften, GmbH oder andere Kapitalgesellschaften umgewandelt. Umstrukturierungen, die vornehmlich betriebswirtschaftlich ausgerichtet sind, haben auch heute noch Konjunktur. Und immer mehr Einrichtungen in sozialen Feldern oder im Gesundheitssektor verstehen sich als Marktteilnehmer. Freie Bildungsträger oder karitative Verbände oder Kliniken wirtschaften wie gewinnorientierte Unternehmen. Partnerschaften zwischen staatlichen und Profit-Organisationen (Private Public Partnership) gelten als innovativ und kostengünstig. Inzwischen treten aber auch die Risiken dieser Praxis deutlicher in den Blick. Manche wirtschaftlichen Erwartungen an die Privatisierung öffentlicher Einrichtungen oder an deren betriebswirtschaftlichen Umbau haben sich sogar in ihr Gegenteil verkehrt. Außerdem lässt heute die weltweite Erschütterung der Finanzmärkte im Herbst 2008 die neoliberale Doktrin in einem neuen Licht erscheinen. Die Finanzmarktkrise und die Verschuldung von Staaten und Haushalten in der Folge haben vielen Menschen bewusst gemacht, dass ungezügelte Märkte Ungerechtigkeit, Ungleichheit und gefährliche Exzesse produzieren können.

In der Praxis der Organisation erfordert Wettbewerb die Messbarkeit und Vergleichbarkeit von Leistungen. Marktgerecht verhält sich eine Non-Profit-Organisationen, wenn sie einen Leistungskatalog mit wettbewerbsfähigen Angeboten präsentiert. Damit wirbt sie um Aufträge und Kostenübernahmen. So werden soziale Aufgaben in Angebote umformuliert, katalogisiert und als standardisierte Leistungen abgerechnet. Das führt immer öfter zu Qualitätseinbußen, etwa bei der Pflege hochbetagter oder kranker Menschen. Denn für diese Leistungen ist die Qualität des zwischenmenschlichen Kontaktes entscheidend. Allerdings ist die Beziehungsgestaltung nicht quantifizierbar.

So nehmen Qualitätszirkel und andere Maßnahmen zur Qualitätssicherung in intersubjektiven Arbeitsfeldern zu. Der Paradigmenwechsel von sozialer Arbeit zur »Sozialwirtschaft« fordert die Einführung von Qualitätsmanagement geradezu heraus, besteht doch immer die Gefahr, dass sich ein Preis- und Verdrängungswettbewerb entwickelt, der nicht zwingend mit der Güte der erbrachten Leistungen zu tun haben muss. Die Qualitätsdebatte ist eine Antwort auf die Risiken der Ökonomisierung. Denn der Legitimationsdruck, Leistung und Erfolg in Zahlen nachzuweisen, ist hoch, obwohl Qualität, die bei den Menschen ankommt, kaum auf diese Weise darstellbar ist. Höhere Fallzahlen pro Zeiteinheit in einer Beratungsstelle oder erhöhter Patientendurchlauf in einem Klinikbetrieb sind eben nicht identisch mit qualitätsvoller Beratung oder guter medizinischer Versorgung.

Obwohl die oben genannten Entwicklungsmaßnahmen einen Zugewinn an Effizienz und Professionalisierung bedeuten können, bleibt dennoch die Sorge, dass sich die Situation für die beteiligten Menschen verschlechtert. Wenn beispielsweise eine Mitarbeiterin einer Seniorenhilfe in der Supervision äußert: »Ich übernehme zu viel Verantwortung für meine Klienten. Mein Problem ist, dass ich mich in der Beratung so schlecht abgrenzen kann«, dann liegt eine klassische Rollenreflexion mit der Frage nahe, was ist hier mein institutioneller Auftrag, welche Erwartungen stellen andere an mich, und wie definiere ich selbst meine Rolle? Man könnte aber auch der Frage nachgehen, ob denn die Seniorenberaterin in ihrem beruflichen Alltag genügend Anerkennung und Rückhalt für ihr Engagement bei der Arbeit mit den Senioren erfährt. Wird denn die Einfühlung und Achtsamkeit ihrer Beziehungsgestaltung vom Arbeitgeber hinreichend gewürdigt? Manche Rollendiffusion könnte unter anderem auch Ausdruck eines allmählichen Kulturwandels in NPO sein – eines Wandels, durch den routinierte Effizienz beispielsweise mehr Anerkennung erfährt als mitmenschliche Empathie.

Im Rahmen der betriebswirtschaftlichen Modernisierung werden mit neuen Strukturen zunehmend auch klassische Arbeitgeber/Arbeitnehmer-Verhältnisse etabliert. Und zwar häufig mit der Folge, dass Mitarbeitende ihre Arbeit als »einen Job wie jeden anderen« verstehen. Die ursprüngliche Motivation, Menschen zu helfen und im Dialog mit ihnen passende Unterstützungsformen auszuhandeln, rückt dabei in den Hintergrund. Und Verhaltenserwartungen der Arbeitgeber/Arbeitnehmer-Beziehung treten in den Vordergrund.

Neue Kontroll- und Steuerungsinstrumente führen außerdem häufig zu vermehrtem Dokumentations- und Verwaltungsaufwand. Die Zeit für diese Aufgaben geht dem direkten Kontakt mit Klienten verloren. So wird es schwieriger, sich mit Werten der Organisation zu identifizieren, die sich ursprünglich auf die Güte der Arbeit mit Menschen beziehen. Was wiederum Leitbilddiskussionen oder entsprechende Entwicklungsmaßnahmen erforderlich macht.

Die Nachteile des Wandels ehemals bedarfsorientierter in marktorientierte Organisationsstrukturen spüren zuallererst die betroffenen Klienten. Bei der Patientenversorgung oder der Betreuung Hochbetagter in Pflegeeinrichtungen ist diese Entwicklung besonders kritisch zu beurteilen. Hier ist der Bedarf an menschlicher Zuwendung besonders hoch. Und es besteht eine spezielle Verantwortung, die Würde der Betroffenen zu achten. Die zunehmende Rationalisierung von Arbeitsprozessen erschwert den Aufbau kontinuierlicher Beziehungen zu den Hilfebedürftigen. Patienten oder Pflegebedürftige erleben ihre Lage zunehmend als prekäre Abhängigkeitssituation.

So birgt Produktorientierung die Gefahr, dass die Qualität der Beziehungsgestaltung (z. B. in der Pflege, Betreuung, Erziehung und in Lehr-/Lernverhältnissen) vernachlässigt wird. Die Wettbewerbslogik lenkt den Blick auf Fallzahlen oder verführt zum »Abhaken« von Leistungen im Zeittakt. Die Ausrichtung auf Produkte, die auf »Sozialmärkten« angeboten und in Leistungskatalogen aufgelistet werden, führt von den spezifischen Bedürfnissen der Menschen weg. Das lässt sich mit formalen Qualitätssystemen, d. h. Standards, die zwischen Kostenträgern und Einrichtungen ausgehandelt werden, allein nicht ausgleichen.

Angesichts jüngster Marktexzesse und wiederkehrender Krisen muss der Glaube an effiziente und zum Gleichgewicht tendierende Märkte – selbst in der Welt des Profitstrebens – als widerlegt gelten. Welchen Sinn sollte es also haben, Systeme in anderen gesellschaftlichen Bereichen marktlich zu koordinieren? Speziell, wenn es sich dabei um Organisationen handelt, die öffentliche Güter bereitstellen oder gemeinnützig arbeiten. In den meisten Feldern der sozialen Arbeit, der Patientenversorgung oder der öffentlichen Verwaltung ist Wettbewerbslogik nicht angemessen. Viel naheliegender sind dagegen Prinzipien der Gegenseitigkeit, Solidarität und Kooperation.

Im Non-Profit-Sektor muss sich also der Organisationserfolg in erster Linie an den originären Non-Profit-Zielen messen lassen. Umso erstaunlicher ist es, dass bei Umstrukturierungen so häufig ökonomische Ziele die Hauptrolle spielen. Schließlich sind die jeweiligen Non-Profit-Werte und -Funktionen nicht nur für die jeweilige Zielgruppe wichtig, sondern auch für die Reputation der Einrichtung. Letztlich wird die Organisation daran gemessen, ob sie ihrer wertegebundenen Ausrichtung gerecht wird. Keine NPO kann Vertrauen allein aus wirtschaftlichem Erfolg generieren.

In der Gesellschaft übernehmen NPO das, was profitorientierte Organisationen nicht leisten können. Profit- und Non-Profit-Bereiche ergänzen sich. Viele NPO gehen denn auch auf Initiativen zurück, durch Märkte produzierte Ungerechtigkeiten und Krisen abzufedern. Bürgerschaftliches Engagement ist eine Triebfeder vieler genossenschaftlicher Organisationen. Bürgerbeteiligung oder soziale Inklusion, Minderheitenrechte und Selbstbestimmung oder Verantwortung für die Umwelt haben in den Leitlinien vieler Non-Profit-Organisationen einen hohen Stellenwert.

Ohne das entsprechende Engagement zivilgesellschaftlicher Organisationen, ohne den Beitrag kirchlicher und säkularer Wohlfahrtsverbände im Rahmen sozialer Hilfssysteme und ohne das breite Spektrum von Non-Profit-Zwecken wäre unsere Gesellschaft sehr viel ärmer und es stünde schlecht um den sozialen Zusammenhalt.

Es gibt also eine ganze Reihe von Gründen, weshalb der Paradigmenwechsel von der Bedarfs- zur Marktorientierung kritisch zu bewerten ist. Immer mehr Menschen beschäftigt die Frage, wie Mehrwert geschaffen werden kann, der nicht nur dem Geldverdienen dient, sondern Grundbedürfnisse eines »guten Lebens« und eines »guten Miteinanders« stärker berücksichtigt. Ökonomische Faktoren erscheinen heute überbewertet. Der Nachholbedarf bei Entwicklungskonzepten im Non-Profit-Bereich liegt eher bei der Konturierung der jeweiligen Non-Profit-Identität und der Stabilisierung ausgleichender Non-Profit-Funktionen.

NPO sollten sich nicht in Profit-Organisationen zweiter Klasse wandeln, sondern ihre Identität stärken, indem sie Entwicklungsmaßnahmen in erster Linie an den jeweiligen Organisationszwecken ausrichten. Profilrelevant sind Kriterien, die das Vertrauen der unterschiedlichen Anspruchsgruppen in die NPO rechtfertigen. Wozu gibt es uns als Organisation? Wer profitiert am meisten von unserer Arbeit? Was würde fehlen, wenn es uns nicht gäbe? Auf welche Werte stützt sich unsere Vitalität? Solche und ähnliche Fragen helfen, nachhaltige Erfolgskriterien zu identifizieren. Non-Profit-Werte gehören nicht nur in Präambeln und Leitbilder, sondern müssen auf allen Ebenen der Organisationspraxis und systematisch verankert und gepflegt werden.

3. Historische Staatsnähe des Non-Profit-Sektors in Deutschland

Die Wurzeln der Staatsnähe des Non-Profit-Bereichs in Deutschland reichen bis in das 19. Jahrhundert zurück. Die Verflechtung von öffentlichen Institutionen mit den freien Trägern der Wohlfahrtspflege ist vielfältig. Der Staat kann nicht alle Leistungen, für die er politisch verantwortlich ist, selbst erbringen. Die Übertragung staatlicher Aufgaben an nichtstaatliche Organisationen entspricht dem Subsidiaritätsprinzip. Dieses politische und gesellschaftliche Ordnungsprinzip ist in der Sozialgesetzgebung (Sozialgesetzbuch/SGB XII, § 5) verankert und weist nichtstaatlichen Organisationen den Vorrang bei der Erstellung sozialer Dienstleistungen zu. Diese Festschreibung regelt also eine spezifische Form der Partnerschaft zwischen dem Staat und Teilen des Non-Profit-Sektors, bedeutet aber auch wechselseitige Abhängigkeit.

Im Non-Profit-Bereich profitierten vor allem die Wohlfahrtsverbände durch hohe Wachstumsraten vom Subsidiaritätsprinzip. Die Träger der freien Wohlfahrtspflege in Deutschland zählen weltweit zu den größten NPO.

Für die öffentliche Hand bedeutet die vertragliche Ausgliederung von Aufgaben einen Zugewinn an Flexibilität in der Leistungserstellung, und zwar in personeller, zeitlicher und verwaltungstechnischer Hinsicht. Der Staat gründet deshalb auch selbst NPO. Im Rahmen der Verwaltungsreform (Neues Steuerungsmodell) haben solche Ausgründungen zugenommen. Die Nachfrage nach sozialen Diensten und Einrichtungen (z. B. Kinderpflegestellen und Einrichtungen für Jugendhilfemaßnahmen) ist überdies in großen Teilen staatlich gestiftet. Die Steuerung der Produktion, Verteilung und Finanzierung sozialer Dienste finden in Arrangements zwischen dem staatlichen Finanzier und Trägerorganisationen statt (vgl. Buestrich/Wohlfahrt 2008).

Gemessen an der staatspolitischen Diskontinuität durch mehrere Regimeumbrüche weist Deutschland sozialpolitisch ein großes Maß an Kontinuität auf. Der Non-Profit-Sektor zählt zu den strukturellen Garanten gesellschaftlicher Stabilität. Wobei allerdings die Entwicklung von NPO in der DDR gesondert gewertet werden muss (s. o.: *1. Gewachsene Organisationsformen zwischen Markt und Staat*).

Die sozialpolitische Stabilität in Deutschland ist nicht zuletzt der geregelten Partnerschaft zwischen öffentlicher Hand und freien Trägern geschuldet. Im internationalen Vergleich scheint die dezentrale und plurale Anbieterstruktur für soziale Dienstleistungen vorteilhaft. Eine der Stärken des deutschen Systems ist die verlässliche und ortsnahe Produktion von Dienstleistungen und das hohe Qualifikationsniveau des Personals im sozialen Sektor.

Die heutige Gewichtung zwischen den drei Sektoren Staat, Markt und Zivilgesellschaft in Deutschland ist eine Errungenschaft, die sich aus dem gesellschaftlichen Leben über Generationen hinweg herausgebildet hat. Sozialpolitischen Durchbrüchen gingen kritische Situationen wie Kriege, soziale Unruhen oder schwerwiegende Arbeitskämpfe voraus. Non-Profit-Organisationen spielten in der Abwendung von Krisen und Notsituationen und für den sozialen Fortschritt eine bedeutende Rolle. Das betrifft vor allem die Bereiche Arbeit, Bildung, Gesundheit, Wohnen, Einkommenssicherung und Schutz vor Armut. Errungenschaften wie Sozialversicherung, Tarifvertragswesen und soziale Dienste sind organisatorisch im Non-Profit-Bereich angesiedelt. Sie waren das Ergebnis politischer Auseinandersetzungen im Kontext unterschiedlicher Machtverhältnisse und wirtschaftlicher Möglichkeiten.

Die relative Staatsnähe des Non-Profit-Sektors in Deutschland hat Tradition. Ein Grund mag sein, dass z. B. wichtige Reformen »von oben« erfolgten – etwa die schrittweise Modernisierung Preußens (1807-1820) nach der Niederlage gegen Napoleon. Diese Modernisierungswelle umfasste die preußische Verwaltungsreform, die Bauernbefreiung und

Entfeudalisierung der Bodenordnung, die Einführung der Gewerbefreiheit sowie eine Finanz- und Heeresreform. Dazu kam noch die Reform des Bildungs- und Universitätswesens mit der Gründung der Berliner Humboldt-Universität (1810). Diese Reformen stützten sich auf Prinzipien der bürgerlichen Freiheit, Rechtsstaatlichkeit und Marktwirtschaft. Sie bildeten den Boden für die Entwicklung der Naturwissenschaften in Deutschland und der darauf aufbauenden Industrialisierung (Kaufmann 2003, 250 ff.).

Die Industrialisierung setzte in den 1840er-Jahren ein, wobei die Entwicklung des Kapitalismus mit der Staatsentwicklung Hand in Hand ging. Das Deutsche Reich entstand 1871 aus einem Staatenbund. Die Reichsgeschäfte im Kaiserreich führte zunächst im Wesentlichen die preußische Verwaltung.

Die Ausbildung höherer preußischer Beamter umfasste neben der Kameralistik und Verwaltungslehre auch Wirtschaftslehre. Schon in den ersten Jahrzehnten des 19. Jahrhunderts rezipierte die preußische Beamtenschaft die wirtschaftsliberalen Lehren von Adam Smith. Die Entwicklung des Industriekapitalismus profitierte von staatlichen Garantien, Rechtssicherheit und Hilfen beim Aufbau des Arbeitskräftepotenzials.

Eine erste Abkehr vom Wirtschaftsliberalismus zeichnete sich 1877 ab, als die damalige Wirtschaftskrise die Menschen umtrieb. Die »Arbeiterfrage« wurde zum drängenden Problem. Das heißt, die Verelendung der Industriearbeiter durch gesundheitsschädigende Arbeitsbedingungen und ausbeuterische Entlohnung rief staatliches Handeln auf den Plan. Zu den Hauptforderungen gesetzlicher Eingriffe zugunsten der Arbeiterschaft gehörten die Beseitigung der Sonntagsarbeit, Einschränkung der Kinderarbeit und eine Arbeiterversicherung. Die ersten administrativen Eingriffe galten dem technischen und gesundheitlichen Arbeitsschutz.

Staatliche Interventionen in der zweiten Hälfte des 19. Jahrhunderts legten den Grundstein für die Entwicklung sozialer Sicherungssysteme, die sich bis heute bewähren. Zahlreiche Institutionen und NPO verdanken ihren Gründungszusammenhang Gesetzesinitiativen jener Jahre.

Nach dem »Gründerfieber« hatte die »große Depression« zur Betonung nationalwirtschaftlicher Schutz- und Subventionsbestrebungen geführt. Sie war Ausgangsituation der ersten Schutzzölle (1879), weiterer staatlicher Hilfsmaßnahmen sowie der Verstaatlichung der preußischen Eisenbahn. Seit 1876 begann Bismarck, die liberale Handelspolitik aufzugeben. Seine Hinwendung zum Gedanken eines schützenden Wirtschaftsstaates stand in enger Verbindung mit sozialpolitischen Maßnahmen, die dann folgten.

Die seit 1880 vorbereitete Bismarck'sche Sozialreform umfasste drei epochemachende Gesetzeswerke zur Absicherung gegen die Risiken Krankheit (1883), Berufsunfall (1884) und Invalidität (1889). Gemeinsame Merkmale dieser Versicherungen waren die Versicherungspflicht, die Finanzierung durch Beiträge sowohl der Arbeitgeber wie der Arbeitnehmer, eine selbstständige Organisation der Versicherungen in Form von Körperschaften des öffentlichen Rechts und ein Rechtsanspruch auf die ihrer Höhe nach gesetzlich festgelegten Leistungen. Das 1884 verabschiedete Gesetz zur Berufsunfallversicherung sah die Einrichtung von Berufsgenossenschaften vor.

Der mit den Bismarck'schen Sozialreformen geschaffene Typus öffentlich-rechtlicher Sozialversicherungen, die vom öffentlichen Budget getrennte Verwaltungseinheiten bildeten, gelten weltweit als vorbildlich und sind bedeutende Prototypen nicht-profitorientierter Organisationen.

Die Bismarck'schen Sozialversicherungen bildeten also die Basis der sozialen Sicherung innerhalb des Deutschen Reiches. Der Ausbau der Sicherungssysteme ließ dann den Non-Profit-Sektor speziell im Bereich der sozialen Dienste weiter wachsen. Die Krankenkassen verbesserten ihre Leistungen parallel zum medizinischen Fortschritt und bezogen in ihren Leistungskatalog die Zahlung von Krankengeld ein. Die Berufsgenossenschaften entschädigten neben Betriebsunfällen auch Berufskrankheiten und erweiterten ihre Aktivitäten in die Bereiche der Rehabilitation und Prävention. Ab 1911 wurden die Alters- und Invaliditätsversicherung sowie die Hinterbliebenenfürsorge eingeführt

– und in der Weimarer Republik schließlich dann auch die Arbeitslosenversicherung.

Der Erste Weltkrieg und der anschließende Währungszusammenbruch schufen neue Notlagen, die weit in den Mittelstand hineinreichten. Mit der Hyperinflation von 1921/23 verloren die bürgerlichen Mittelschichten den Rest ihrer Finanzvermögen und damit auch ihre Altersvorsorge. Um die Betroffenen nicht der Armenfürsorge zu überlassen, entstanden neue staatlich regulierte Fürsorgeformen für Kriegshinterbliebene, Kriegsbeschädigte und Währungsgeschädigte. Die wirtschaftlichen Schwierigkeiten der Weimarer Zeit führten zu vermehrten Interventionen des Staates, die auch die Lohnpolitik betrafen. Das nationalsozialistische Dritte Reich setzte diesen Kurs verstärkt fort. Allerdings mündete die nationalsozialistische Politik schließlich in eine weitgehend verstaatlichte Kriegswirtschaft.

Nach der militärischen Überwindung des Dritten Reiches wurden in Westdeutschland früh die Weichen für ein marktwirtschaftliches System gestellt. Im ersten Bundestag der Bundesrepublik Deutschland fand sich eine knappe Mehrheit für das durch Wirtschaftsminister Erhard propagierte Leitbild der Sozialen Marktwirtschaft (s. o.: *2. Paradigmenwechsel von der Bedarfs- zur Marktorientierung*).

Der Zusammenhang zwischen Schulbildung und wirtschaftlichem Fortschritt war frühzeitig erkannt worden. So wurde in Preußen schon 1888 die Schulgeldfreiheit des Volksschulunterrichts eingeführt. Die allgemeine Schulpflicht war im 18. Jahrhundert zunächst in den sächsischen Fürstentümern Weimar und Gotha, dann 1716/17 in Preußen eingeführt worden. Auch die Entwicklung des Bildungsbereichs wurde vornehmlich von staatlicher Seite vorangetrieben. Das Bildungswesen gilt in Deutschland traditionell als Aufgabe der Länder (Kulturhoheit). Von den drei Gliedern des Schulsystems (Volksschule, Realschule, Gymnasium) wurde die gymnasiale Bildung in staatliche Regie genommen. Die Real- und Volksschulen blieben kommunale Angelegenheit, aber die Qualifizierung der Lehrer wurde auch hier durch staatliche Lehrerseminare durchgeführt. Unter dem nationalsozialistischen Regime kam das allgemeinbildende Schulwesen vollständig unter staatliche Kontrolle.

Nach dem Zweiten Weltkrieg kam es in Westdeutschland zu einer Wiederbelebung des Bildungsföderalismus und auch des freien, insbesondere konfessionellen Schulwesens, das jedoch nur einen Bruchteil des Bildungsangebots ausmacht. In der DDR unterstand das zentral organisierte Bildungswesen der Sozialistischen Einheitspartei (SED). Kultus-, Bildungs- oder vergleichbare Ministerien sind für alle Lehrer an staatlichen Schulen zuständig. In den »alten« Bundesländern der früheren Bundesrepublik Deutschland sind die Lehrer fast durchweg Beamte, in den neuen Bundesländern fast ausschließlich Angestellte.

Die berufliche Ausbildung, die im deutschen Sprachraum von alters her eine große Bedeutung hatte, wurde vielerorts durch staatliche Lehrabschlussprüfungen geregelt. Seit Beginn des 20. Jahrhunderts befindet sich die Berufsausbildung im Zuständigkeitsbereich der gewerblichen Wirtschaft, insbesondere der Industrie-, Handels- und Handwerkskammern. Die Grundstruktur des dualen Systems von betrieblicher Lehre und begleitender Berufsschulbildung hat sich bis heute erhalten.

Die Erwachsenenbildung ist sehr vielfältig und vergleichsweise wenig staatlich reguliert, aber teilweise öffentlich finanziert oder subventioniert. Abgesehen von Universitäten und kommunalen Volkshochschulen stehen die Weiter- und Fortbildungsangebote fast ausschließlich in privater Trägerschaft. (Zur historischen Entwicklung der sozialen Sicherung und des Bildungswesens vgl. Kaufmann 2003.)

Das Bildungssystem in Deutschland ist also weitgehend staatlich geprägt und reguliert. Im Unterschied dazu ist das US-amerikanische Bildungswesen, auch der Primar- und Sekundarbereich, in großen Teilen von privaten Trägern organisiert.

Auch der oben umrissene Entwicklungspfad sozialer Sicherung in Deutschland unterscheidet sich von Institutionalisierungen in anderen Staaten. Im internationalen Vergleich gibt es in diesem Punkt wesentliche

Unterschiede. Der britische Liberalismus vertrat ganz andere Ideale als der französische Liberalismus. Die Entwicklung in Großbritannien – und erst recht in den USA – ist weit weniger staatlich »gerahmt« als in Frankreich und in Deutschland.

In Frankreich prägten Kampfbegriffe wie »Solidarité« und »Fraternité« (Französische Revolution 1789-1799) die Gesellschaftsauffassung. Die liberalen Ansprüche auf Freiheit waren dort mit der Notwendigkeit staatlicher Interventionen zum Schutz dieser Freiheit verbunden.

In Großbritannien, dem ersten Land mit kapitalistischer Marktwirtschaft, prägen wirtschaftsliberale Grundsätze die Gesellschaft. Der Dominanz individualistischer Vorstellungen von Wohlfahrt standen Forderungen nach politischen Eingriffen zur Lösung sozialer Probleme entgegen: »Government shall not interfere.«

Stärker noch als in Großbritannien ist das Misstrauen gegen staatliche Interventionen in den USA. Der klassische amerikanische Liberalismus und Individualismus hat geringe oder keine Erwartungen an staatliche Regulation. Und ein starker Staat wird dort geradezu als Bedrohung der Freiheit erlebt.

Dem unterschiedlichen Verständnis der Regierungsfunktion entsprechen auch unterschiedliche Verwaltungstraditionen. Bis weit in das 19. Jahrhundert blieb in Großbritannien die Verwaltung eine ehrenamtliche Angelegenheit wohlhabender Bürger, während auf dem Kontinent etwa in Frankreich und in Preußen in der zweiten Hälfte des 17. Jahrhunderts die Idee des professionellen Staatsdieners aufkam.

In den Vereinigten Staaten hat sich bis heute keine einheitliche Verwaltungskultur entwickelt. Auch hier war die Wahrnehmung von Verwaltungsaufgaben ursprünglich ehrenamtlich. Da mit solchen Aufgaben Macht und Einfluss verbunden sind, entstand auf nahezu natürliche Weise ein parteipolitisches Patronagesystem mit kaum kontrollierbaren Einflussmöglichkeiten von Interessengruppen. Die Finanzierung teurer Wahlkampagnen durch politische Klientel aus der Wirtschaft entspricht auch heute noch dieser Tradition.

Die Vereinigten Staaten sind der Prototyp einer liberalen Bürgergesellschaft, in der sich freie Individuen selbst organisieren (»pro community but anti state«). Anders als in Deutschland, wo das Subsidiaritätsprinzip große Teile des nichtstaatlichen Non-Profit–Sektors an den Staat bindet, ist in der amerikanischen »civil society« der Dritte Sektor eher staatsfern. Die Kultur privater Wohltätigkeit wird in den USA allerdings von weiten Teilen der Bevölkerung gepflegt und finanziert. (Eine ausführliche Würdigung der Entwicklung des Non-Profit-Sektors in den USA findet sich bei Anheier 2005, 21-29.)

In den USA sind die Instrumente der sozialen Sicherung von Marktprinzipien und Interessen privater Kapitalakkumulation geprägt. Betriebliche Sozialleistungen spielen dabei eine entscheidende Rolle. Die sie gewährleistenden Fonds sind bedeutende Akteure auf den Finanzmärkten. Und die Wirksamkeit von Marktkräften darf durch staatliche Maßnahmen nicht beeinträchtigt werden – so sagt die liberale Doktrin.

Das US-amerikanische Modell ist von den in Europa vorherrschenden wohlfahrtsstaatlichen Mustern ebenso weit entfernt wie beide wiederum vom staatszentrierten Planwirtschaftssystem der ehemaligen Ostblockstaaten (vgl. Kaufmann 2003).

Zu den Besonderheiten der Situation in Deutschland zählt das gemeinwirtschaftliche Modell, das sich nach 1945 angesichts der Ost-West-Dichotomie vor allem in Nord- und Westeuropa entwickelte. Gemeinwirtschaftliche Ansätze sind im Genossenschaftswesen und im Wohnungsbau am stärksten ausgeprägt. Erst Anfang der 1990er-Jahre begannen sich diese Bereiche, zu denen Genossenschaften im Bank- und Wohnungswesen gehören, dem kommerziellen Sektor anzunähern.

Bis 1989 bewegte sich die Entwicklung in Westdeutschland im Spannungsverhältnis zwischen Kapitalismus und Sozialismus.

Der westdeutsche Weg unterscheidet sich ebenso deutlich von der liberal-kapitalistischen Tradition der Vereinigten Staaten wie vom sozialistischen Weg der Sowjetunion und ihrer Einflusssphäre im anderen Teil

Deutschlands. Vielfach ist, auf die westeuropäischen Staaten bezogen, auch von einem »Dritten Weg« zwischen Kapitalismus und Sozialismus die Rede. Es war der Weg der Kompromisse zwischen Arbeitgeberverbänden und Gewerkschaften.

Die Gewerkschaften in der BRD rückten von Vorstellungen umfassender Gemeinwirtschaft ab und erkannten die marktwirtschaftliche Ordnung an. Damit akzeptierten sie das Privateigentum an den Produktionsmitteln sowie die sich daraus ableitende Leitungskompetenz der Unternehmen. Im Gegenzug akzeptierten die Unternehmer die Gewerkschaften als Verhandlungspartner und legitime Vertreter der Arbeiterinteressen. Außerdem arrangierten sich die Unternehmer mit staatlichen Maßnahmen zum Schutz und zur Förderung der Arbeitnehmer. Von den Vorteilen friedlicher Arbeitsbeziehungen profitierten alle Seiten. Die Unabhängigkeit wirtschaftlicher Unternehmerfunktionen blieb gewährleistet, gleichzeitig wurden Schutz- und Teilhaberechte der Beschäftigten sowie soziale Sicherungssysteme gestärkt. Der Kapitalismus erhielt ein soziales Gesicht. Die sich daraus ergebende Stabilität und Prosperität erwies sich als ein starkes Argument für die soziale Marktwirtschaft.

Nach dem Zusammenbruch des Ostblocks und der Öffnung der Märkte wurde der Einflussgewinn des US-amerikanischen Modells und seiner liberal-kapitalistischen Prinzipien von vielen als globaler Siegeszug des Kapitalismus gewertet. Es schien dazu keine Alternative zu geben (s. o.: *2. Paradigmenwechsel von der Bedarfs- zur Marktorientierung*). Heute verschiebt sich das Kräfteverhältnis mit Blick auf den asiatischen Wirtschaftsraum sowie auf aufstrebende »Schwellenländer«. Zudem mehren sich die Sorgen, das liberale marktwirtschaftliche Modell sei in Zeiten der Globalisierung an seine Grenzen gestoßen. Angesichts weltweiter Erschütterungen durch »von der Leine gelassene« Finanzmärkte wirkt der starke Staat wieder attraktiv – aber auch eine starke Zivilgesellschaft, die bei Marktversagen oder Staatsversagen handlungsfähig ist.

4. Vielfalt, Mischformen und ein uneinheitlicher Sprachgebrauch

Non-Profit-Organisationen sind vielgestaltig. Und zwischen Markt, Staat und Drittem Sektor gibt es zahlreiche Mischformen. Die Vielfalt institutioneller Formen im Non-Profit-Bereich hat sich über lange Zeiträume hinweg entwickelt. Viele Vereine und Verbände entstanden im Übergang von der ständischen in eine moderne Bürgergesellschaft. Die Wurzeln mancher NPO reichen bis ins Mittelalter zurück. Das von Frankfurter Bürgern und Bürgerinnen gestiftete St. Katharinen und Weißfrauen Stift beispielsweise entstand aus zwei mildtätigen Klöstern, die im Zuge der Reformation unter Aufsicht des Rates der Stadt Frankfurt am Main in weltliche Heime für bedürftige Frauen umgewandelt und seit 1877 als Stiftung des öffentlichen Rechts betrieben wurden. Die Erfolgsgeschichte dieser heute modern gemanagten NPO verbindet Mildtätigkeit, bürgerschaftliches Engagement und soziale Verantwortung der Kommune.

Gegen Ende des 19. Jahrhunderts hatte sich bereits ein breites Spektrum von Organisationsformen etabliert – z. B. privatrechtliche Vereine, öffentlich-rechtliche Anstalten, Körperschaften, Stiftungen wie auch privatrechtliche Stiftungen nach bürgerlichem Recht.

Schon vor 1918 umfasste dieser Bereich in Deutschland die gesamte politische Spannbreite. Sie reichte von proletarischen Vereinen bis zu Organisationen, die einzig dem Zweck dienten, das Regime zu unterstützen (vgl. Anheier/Seibel/Priller/Zimmer 2002, 21).

Doch ab welchem Zeitpunkt kann man von Non-Profit-Organisationen im heutigen Sinne sprechen?

Bislang gibt es keine allgemeingültige Definition des Non-Profit-Sektors. Verschiedene Definitionsansätze unterscheiden NPO hinsichtlich der Staatsnähe, der Marktnähe oder der formalrechtlichen Institutionalisierung. Auch der steuerliche Status (Gemeinnützigkeit) oder wichtige Einkommensquellen werden zur Abgrenzung herangezogen. Aber keines der verwendeten Kriterien ist trennscharf (vgl. Badelt 2002, 6 ff.). In Forschungskontexten wird der NPO-Begriff sowohl für den privatrechtlich-gemeinnützigen als auch den öffentlich-rechtlichen Bereich benutzt. Im allgemeinen Sprachgebrauch sind für den Dritten Sektor zwischen Markt und Staat Begriffe wie »Vereine und Verbände« oder »gemeinnützige Organisationen« verbreitet. Staatliche Organisationen werden häufig aus dem Non-Profit-Begriff ausgeklammert. Als private NPO gelten dann auch Organisationen, die von der öffentlichen Hand finanziell unterstützt oder sogar weitgehend getragen werden. Badelt (a. a. O., 10 f.) räumt aber ein, dass in der Realität deutschsprachiger Länder angesichts zahlreicher Verschränkungen zwischen dem öffentlichen und dem Non-Profit-Sektor besondere Abgrenzungsprobleme bestehen.

Eine verbreitete operative Beschreibung des Non-Profit-Bereichs, die im Rahmen des *Johns Hopkins Comparative Nonprofit Sector Projects* entwickelt wurde, bezieht sich lediglich auf nicht-staatliche Organisationen. Die Studie untersucht Organisationen in ausgewählten Ländern und legt dazu eine einheitliche Definition zugrunde, die folgende Kriterien beinhaltet:

> Die Organisation ist formal rechtlich strukturiert, organisatorisch vom Staat unabhängig und nicht gewinnorientiert. Sie wird eigenständig verwaltet und stellt keinen Zwangsverband dar. Außerdem wird sie zu einem gewissen Grad von freiwilligen Leistungen getragen.

Bei dieser Beschreibung der Johns Hopkins Studie werden mit Rücksicht auf die internationale Vergleichbarkeit der Ergebnisse eine ganze Reihe von Einrichtungen explizit nicht erfasst. Dazu gehören Einrichtungen in staatlicher Trägerschaft, Gebietskörperschaften, Sozialversicherungen, öffentliche Unternehmen und Anstalten, Regiebetriebe der Öffentlichen Hand sowie Produktions- und Verbrauchergenossenschaften, Organisationsformen auf Gegenseitigkeit (z. B. Versicherungen), politische Parteien, reine Kirchenverwaltungen und Glaubensgemeinschaften. Übrig bleiben dann also:

- Vereine
- Stiftungen
- Einrichtungen der freien Wohlfahrtspflege
- Krankenhäuser und Gesundheitseinrichtungen in freier Trägerschaft
- Gemeinnützige GmbH und ähnliche Gesellschaftsformen
- Wirtschafts- und Berufsverbände
- Gewerkschaften
- Verbraucherorganisationen
- Selbsthilfegruppen
- Bürgerinitiativen
- Umweltschutzgruppen
- Staatsbürgerliche Vereinigungen

Einige bekannte empirisch orientierte Autoren folgen ebenfalls dem Sprachgebrauch dieser Vergleichsstudie – z.B. Anheier, Badelt, Beher und andere. Der dort verwendete Non-Profit-Begriff orientiert sich offenbar an der angelsächsischen Tradition. Dort dominiert die liberale Überzeugung, dass soziale Probleme am besten ohne staatliche Eingriffe durch Selbsthilfe oder freie Hilfstätigkeit (Charity) oder allein durch wirtschaftliche Prosperität zu lösen sind.

In der deutschsprachigen Beratungs- und Managementliteratur wird die definitorische Zweiteilung zwischen Profit und Non-Profit bevorzugt. Dabei dient der Hauptzweck der Organisation als ein wesentliches Unterscheidungsmerkmal: Im Profit-Sektor dreht sich alles um den Ertrag auf investiertes Kapital – im Non-Profit-Sektor stehen Förderung oder Bedarfsdeckung im Mittelpunkt. Wobei die Non-Profit-Ausrichtung meist ein ganzes Bündel von Zielen umfasst. NPO können sogar einen Einnahmenüberschuss erwirtschaften, aber der ist nur Mittel zur Erfüllung der Non-Profit-Zwecke, und nicht Selbstzweck. Gewinne dürfen nicht ausgeschüttet, sondern müssen reinvestiert werden.

Gemäß dieser Definition werden im Freiburger Management-Modell für Non-Profit-Organisationen (Schwarz et al. 2002, 19 ff.) öffentliche Verwaltungen und halbstaatliche Organisationen wie z. B. öffentlich-rechtliche Körperschaften in den NPO-Begriff einbezogen.

Dieser Zweiteilung zwischen Profit- und Non-Profit-Organisationen folgt auch Lung (1998, 11 ff.), der in seinen NPO-Begriff zumindest Teile des öffentlichen Sektors einschließt – z. B. das staatliche Gesundheitswesen sowie das Bildungs- und Sozialwesen.

Wir haben hier den Rahmen unseres NPO-Begriffs ebenfalls weiter gefasst als das erwähnte internationale Johns Hopkins Forschungsprojekt – vor allem mit Blick auf die historische Entwicklung des Vereinswesens und der staatsnahen Wohlfahrtsproduktion in Deutschland (s. o.: 3. *Historische Staatsnähe des Non-Profit-Sektors in Deutschland*). Die Bereiche Wohlfahrtspflege und Kulturförderung sind in Deutschland weitgehend politisch konstituiert und im internationalen Vergleich enger mit dem öffentlichen Sektor verflochten als beispielsweise im angelsächsischen Raum. Deshalb zählen wir zum Non-Profit-Sektor auch öffentliche Einrichtungen (wie Kindertagesstätten, Schulen, Universitäten, Museen, Theater, Bibliotheken, Orchester) und halbstaatliche Organisationen mit Pflichtmitgliedschaft (wie Kammern, Berufsgenossenschaften, Sozialversicherungen etc.). Dazu kommen öffentliche Betriebe wie Kliniken, Verkehrsbetriebe und Energieversorger.

So zählen wir zu den NPO auch Einrichtungen in öffentlicher Trägerschaft, »Eigenbetriebe« der öffentlichen Hand und auch Sozialkassen (wie Kranken- und Rentenversicherungen).

Zahlreiche Vereine und Verbände sind durch das Subsidiaritätsprinzip mit Regierungs- und Verwaltungsebenen verzahnt. Das Subsidiaritätsprinzip räumt den Leistungen durch freie Wohlfahrtsverbände Priorität gegenüber staatlichen Interventionen ein. Durch diesen Grundsatz erkennt der Staat die Selbstverwaltung der Verbände an und garantiert ihnen gleichzeitig finanzielle Zuwendungen. Freie Träger der Wohlfahrtspflege und deren öffentliche Auftraggeber unterhalten also enge Beziehungen auf der Basis von Leistung und Gegenleistung. Damit sind die Wohlfahrtsverbände in finanzieller Hinsicht vom Staat abhängig. Die Hauptfinanzierungsquelle des Dritten Sektors sind in Deutschland staatliche Zuwendungen. Nahezu zwei Drittel der Organisationen im Dritten Sektor erhalten öffentliche Mittel – entweder Zuschüsse oder auch Leistungsentgelte wie z. B. Erstattungen durch die Sozialversicherung und die Krankenkassen. Das betrifft außer dem Gesundheitsbereich auch die Bereiche Bildung, soziale Dienste, Bürger- und Verbraucherinteressen, Wohnungswesen und Beschäftigung sowie internationale Aktivitäten.

Es gibt also fließende Übergänge zum öffentlichen Sektor, die eine Abgrenzung erschweren, besonders dann, wenn NPO (wie z. B. einige Einrichtungen für straffällige Jugendliche) auch hoheitliche Aufgaben wahrnehmen. Im Rahmen von Leistungsverträgen passen sich freie Trägerorganisationen auch zunehmend den administrativen Erfordernissen und den Abrechnungspraktiken ihrer Auftraggeber an. Denn Mindestanschlussfähigkeit an das politische System ist eine Voraussetzung für erfolgreiche Verhandlungen mit öffentlichen Kostenträgern. Manche Interessenverbände oder Bürgerinitiativen üben zudem qua Satzung politische Funktionen aus oder sind selbst ein Teil des politischen Systems.

Die Vielfalt des Non-Profit-Bereichs zeigt sich vor allem in der Bandbreite der Zwecke und Ziele. Dazu zählen vor allem gesellschaftliche Aufgaben wie Gesundheit, Erziehung, Bildung, Forschung und Wissenschaft. Und NPO bilden wichtige Aspekte des Zusammenlebens ab, einschließlich politischer, religiöser und ethischer Ziele. Menschenrechte, Integration von Minderheiten, Gerechtigkeit oder der Schutz der natürlichen Umwelt sind hier zentrale Themen. Vereine widmen sich aber auch der Förderung von Wirtschaft, Kultur oder Sport. Darüber hinaus bündeln sie Interessen, Bedürfnisse und ideelles Engagement – sie organisieren Hilfen, die Unterstützung bedürftiger Minderheiten bis zu Varianten der Freizeitgestaltung, Brauchtumspflege und Erleben von Gemeinschaft. Das ergibt eine beachtliche Variationsbreite. Empirisch finden sich hier viele Mischformen.

Pluralität zeigt sich auch in den Finanzierungsquellen. Mischfinanzierung ist verbreitet. Die ausschließliche Finanzierung durch individuelle Leistungsentgelte ist im Non-Profit-Sektor eher selten. Die Zweckverfolgung ist häufig nur durch zusätzliche Mittel möglich, z.b. öffentliche Subventionen. Ein relativ geringerer Anteil der Einnahmen von NPO entfällt auf Gebühren (32,3 Prozent) und private Spenden (3,4 Prozent). Gebührendominierte NPO sind z.B. Wirtschafts- und Berufsverbände, auch Stiftungen oder Organisationen in den Bereichen Kultur und Erholung sowie Umwelt- und Naturschutz. Die Zahlen stammen aus einer deutschen Teilstudie des *Johns Hopkins Comparative Nonprofit Sector Project* aus dem Jahr 1995. Also sind hierbei die staatlichen und halbstaatlichen Organisationen nicht erfasst. Auch ehrenamtliche Tätigkeit ist bei den Finanzierungsquellen nicht berücksichtigt. (Vgl. zur Finanzierung des Dritten Sektors: Littich 2002, 361-380; Priller/Zimmer 2001, 28 ff.)

Zu den Finanzierungsvarianten zählen öffentliche Mittel und Subventionen, Gebühren, Verrechnungstarife, Pflegesätze und andere Leistungsentgelte, Mitgliederbeiträge, Vermögenserträge, Legate und Spenden. Spenden an gemeinnützige Organisationen mit entsprechendem Freistellungsbescheid sind in Deutschland steuerlich absetzbar. Über die Anerkennung der Gemeinnützigkeit entscheiden die Finanzämter. Kontinuierliche Spendenzuwendungen basieren meist auf einer weltanschaulichen Übereinstimmung seitens der Spender mit den Zwecken und Zielen der Organisation. Zu Spenden im weiteren Sinne (Fundraising) zählen auch Fördermitgliedschaften. Teilweise werden bei Privatschulen (wie z. B. der Waldorfschule) von Mitgliedern neben gestaffelten Gebühren zusätzlich geldwerte Leistungen eingebracht (etwa Haftungen). Große Spendenvolumina stammen in der Regel von Unternehmen, Stiftungen und staatlichen Institutionen. Die Finanzquelle Sponsoring eignet sich vornehmlich für NPO mit hoher Medienpräsenz. Im Unterschied zum Spender (Fundraising), der keine Gegenleistung erhält, erwartet der Sponsor Leistungen, die auch vertraglich fixiert werden, z.B. die werbewirksame Nennung seines Namens. In der Praxis finden sich meist Mischfinanzierungen durch Einnahmen wie Spenden, Beiträge, Leistungsentgelte, Subventionen und sonstige Zuwendungen.

Zahlreiche Strukturvarianten haben sich auf der Grundlage des Vereinsrechts aus unterschiedlichen Kombinationen von ehrenamtlicher und hauptamtlicher Beschäftigung entwickelt. Das Neben- und Miteinander von Lohnarbeit als hauptamtlicher Beschäftigung und bürgerschaftlichem Engagement in Form von freiwilliger unbezahlter Mitarbeit (Volunteering) oder ehrenamtlicher Führungs- und Leitungstätigkeit ist eine Besonderheit des Dritten Sektors. Die meisten Freiwilligen Einsätze verzeichnen Vereine in den Bereichen Erholung, Freizeitaktivitäten und Sport sowie basisnahe Initiativen. Verwaltungsnahe Organisationen in den Bereichen soziale Dienste, Wohnungswesen und Beschäftigung sind dagegen in höherem Maße professionalisiert. Ehrenamtliche Partizipation in Leitungsorganen und Varianten im Verhältnis zwischen ehrenamtlichem Vorstand und hauptamtlicher Geschäftsführung sind aber auch dort verbreitet. Die Beschäftigungsverhältnisse sind heterogen. Sie umfassen haupt- und nebenamtliche Tätigkeiten, Voll- und Teilzeitarbeit, Honorartätigkeit und besondere Beschäftigungsformen wie das Freiwillige Soziale Jahr (FSJ), Beschäftigungsmaßnahmen wie Ein-Euro-Jobs, und früher auch Zivildienst (vgl. Beher et al. 2008, 30 ff.).

Insgesamt ergibt die Verteilung von Beschäftigten in nicht staatlichen NPO folgendes Bild in Prozentangaben (Priller/Zimmer 2001, 11 ff.):

- Soziale Dienste (38,8)
- Gesundheitswesen (30,6)
- Bildung und Forschung (11,7)
- Wohnungswesen und Beschäftigung (6,1)
- Kultur und Erholung (5,4)
- Wirtschafts- und Berufsverbände (3,9)
- Bürger- und Verbraucherinteressen (1,6)
- Umwelt- und Naturschutz (0,8)
- Internationale Aktivitäten (0,7)
- Stiftungen (0,4)

Im Jahre 1995 waren im Dritten Sektor (Vereine und Verbände) hierzulande bereits 2,1 Millionen Personen sozialversicherungsrelevant beschäftigt. Man kann davon ausgehen, dass heute die Zahl drei Millionen längst übersteigt.

Auch in Ostdeutschland ist die Zahl der eingetragenen Vereine kontinuierlich angestiegen. Die Vereinsdichte ist heute mit dem Niveau der alten Bundesländer vergleichbar. Ein deutliches Übergewicht haben dabei Organisationen, die erst nach der deutschen Wiedervereinigung entstanden sind. Da in den neuen Bundesländern weitgehend westdeutsche Strukturen übernommen wurden (auch das Subsidiaritätsprinzip), entwickelten sich dort für den Dritten Sektor ebenfalls günstige Rahmenbedingungen.

Im Umfeld sozialer Bewegungen und Bürgerinitiativen entstehen immer wieder neue Organisationen. Wenn für brennende Problemlagen im aktuellen Gesellschaftssystem keine andere Lösung bereitsteht, schließen sich die Menschen zusammen, um ihre Ziele wirksamer zu verfolgen. Die Neugründung von Vereinen tritt gehäuft dann auf, wenn das gesellschaftliche System Lücken aufweist oder politische Entscheidungen zivilgesellschaftliche Initiativen herausfordern. Die Vereinslandschaft bietet viele Möglichkeiten, sich für das Gemeinwohl oder für eigene Interessen aktiv einzubringen. Dazu trägt der mit dem Vereinsmodell verbundene demokratische Aufbau bei. Mitglieder bestimmen in direkten Abstimmungen über Belange der Organisation oder beeinflussen indirekt durch Wahl/Abwahl von Organen, durch Bereitstellung/Verweigerung von Mitteln, durch Engagement/Apathie oder Eintritt/Austritt das Geschehen. Unterschiedliche Beteiligungsformen, die von einfacher Mitgliedschaft über freiwillige Mitarbeit, Geld- und Sachspenden, Unterstützung der Werte und Ziele bis zu ehernamtlicher Leitungs- oder Führungstätigkeit reichen, erlauben gemeinnützigen Organisationen relativ große Gestaltungsspielräume. Solidarisch koordinierte NPO haben zudem häufig den Charakter von Wertegemeinschaften und damit Zugang zu Unterstützungspotenzial, über das Profit-Organisationen oder öffentliche Verwaltungen in der Regel nicht verfügen.

Neben den Klassikern gemeinnütziger Organisationen, wie z. B. der Freiwilligen Feuerwehr mit eher lokaler Bedeutung oder den bekannten regional und überregional tätigen Wohlfahrtsverbänden, gibt es seit einigen Jahren internet-gestützte Organisationsformen mit einer immensen Breitenwirkung. Dazu gehört sicher die Online-Enzyklopädie Wikipedia – werbefrei und von einem gemeinnützigen Verein getragen. Millionen Freiwillige arbeiten an dem Weltlexikon, verfassen Artikel, redigieren, korrigieren, überarbeiten und überprüfen wieder und wieder – in ihrer Freizeit. Manche sehen darin bereits das größte gemeinsam geschaffene Werk der Menschheit (vgl. *Die Zeit* 3/ 2011).

Die Vielgestaltigkeit des Dritten Sektors ist ein Ausdruck der gesellschaftlichen Differenzierung wie auch der Vitalität der Bürgergesellschaft. Das Internet eröffnet zudem neue Wege der politischen Meinungsbildung und Mobilisierung wie auch neue Wege der Mittelbeschaffung für gemeinnützige Projekte. Zeitgemäße Instrumente der Spendensammlung sind heute Legate, Benefizveranstaltungen, Spendenaufrufe in Fernseh- und Radiosendungen (Humanitarian Broadcasting), Telefonaktionen oder Internetfundraising per Mausklick.

Zwischen allen drei Sektoren – Markt, Staat und Drittem Sektor – gibt es fließende Übergänge (vgl. Cazda 2004; Bogumil 2003). Die gewachsene Nähe zwischen dem staatlich-behördlichen Bereich und Teilen des Dritten Sektors hat sich auch in den letzten 30 Jahren fortgesetzt. Die Symbiose von öffentlichen Auftraggebern und freien Wohlfahrtsverbänden wurde durch den Trend zur Marktorientierung (s. o.: *2. Paradigmenwechsel von der Bedarfs- zur Marktorientierung*) keineswegs infrage gestellt, sondern eher bekräftigt. Der Umbau von Behörden in moderne Verwaltungen mit Dienstleistungscharakter (New Public Management) zog Veränderungen in Vereinen und Verbänden nach sich. So wurde die Auseinandersetzung mit betriebswirtschaftlichen Anforderungen und Methoden im gesamten Profit-Bereich nachvollzogen. Und viele Mischformen zwischen Staat und Markt sowie zwischen Drittem Sektor und Markt kamen neu hinzu.

Die Zunahme der Mischformen macht die fließenden Übergänge zwischen den Sektoren besonders deutlich. Hybride zwischen Staat und Markt entstehen durch Kooperationsformen wie Public-Private Partnership (PPP) oder durch die Teilprivatisierung von Staatsbetrieben. Öffentliche Einrichtungen können z. B. ihren Rechtsstatus in eine gemeinnützige GmbH transformieren und gleichzeitig einen Teil ihrer (unternehmerischen) Aktivitäten marktgerecht managen. Auf Bundes- oder Länderebene und in Kommunen wurden in großem Stil Infrastrukturbetriebe wie Energie-, Gas- und Wasserversorger, Abwasser- oder Abfallentsorger oder Liegenschaften an meistbietende Privatinvestoren veräußert oder eben in Hybridorganisationen umgewandelt.

Einer der größten Hybride zwischen Staat und Markt ist die Deutsche Bahn. Der marode Staatsbetrieb Deutsche Bundesbahn, der 1992 ein Jahresdefizit von 7,7 Milliarden Mark einfuhr, sollte zu einem modernen Wirtschaftsunternehmen umgebaut und schließlich an die Börse gebracht werden. Der Börsengang wurde allerdings in letzter Minute abgesagt. Aber die Sanierung gelang. Der letzte große Konzern in Staatsbesitz wandelte sich in einen »Global Player« der Logistiksparte mit 2009 weltweit 1500 Standorten für Schienengüter, LKW, Seefracht, Luftfracht etc. und einem Betriebsergebnis von 199 Millionen Euro (vgl. *Die Zeit* 5, 2011).

Die marktorientierte Umwandlung der Bahn hatte allerdings auch negative Auswirkungen, etwa für die Benutzer von Nebenstrecken oder für Fahrgäste, die auf pünktliche Verbindungen Wert legen. Manche Städte waren durch Bahnverkehr gar nicht mehr erreichbar. Im Spannungsfeld zwischen unternehmerischer Gewinnorientierung und dem Versorgungsauftrag im Schienenverkehr neigte das Management in den Jahren 1999-2009 mehr zur Seite der unternehmerischen Ausrichtung. Das Ergebnis erzürnte die Bürger. Renditedruck und Sparpolitik hatten z.B. im Weihnachtsverkehr 2010 dazu geführt, dass weniger als 70 Prozent der Züge im Fernverkehr pünktlich fuhren. Zu dieser häufig für Reisen genutzten Zeit war das Chaos auf den Bahnhöfen so groß, dass die Bahn sogar vom Bahnfahren abraten musste.

An diesem Beispiel der Deutschen Bahn wird das Dilemma der Doppelbindung an unterschiedliche Organisationszwecke deutlich. Dem Staat, ihrem Eigentümer, soll die Bahn nicht auf der Tasche liegen, sondern wie ein normales Wirtschaftunternehmen Gewinne abführen. Als Kollektiveigentum deutscher Bürger ist die Bahn allerdings dem Gemeinwohl verpflichtet. Sie hat aus Bürgersicht die sichere, zuverlässige und serviceorientierte Beförderung von Fahrgästen zu gewährleisten.

Auch fließende Übergänge zwischen Erwerbswirtschaft und Vereinen haben deutlich Zugenommen. Soziale Anliegen und Gewinnerzielung kombinieren z. B. Hybride zwischen Markt und Drittem Sektor. Auch hier sind gemischte Finanzierungsformen üblich – etwa die Kombination von Fördermitteln, Sponsoren- und Spendengeldern mit dem Erlös aus dem Verkauf von Produkten oder Dienstleistungen. Bei solchen Zwitterorganisationen werden die Gewinne der Vermarktung aber nicht ausgeschüttet, sondern fließen an die Organisation zurück.

Die zunehmende Professionalisierung des Vereinsmanagements blieb nicht ohne Wirkung auf das Selbstverständnis von Vereinen und Verbänden. Die freiwillige, demokratisch organisierte Vereinigung, die als einfacher Verein ehrenamtlich geführt wird, ist von Marktmechanismen wenig tangiert. Als uneigennützig tätige Agenturen bieten Vereine aber vielfach Leistungen für Dritte an. In dieser Rolle, z. B. als »Wohlfahrtsbetrieb«, muss sich die Organisation gegenüber Mitbewerbern positionieren. Dadurch wird sie quasi gezwungen, sich mit Vermarktungsstrategien und anderen Fragen professioneller Geschäftsführung zu befassen, also auch mit der Kombination von Haupt- und Ehrenamt in ihrem Führungskonzept. Oft ist es nur ein kleiner Schritt, die soziale Mission mit unternehmerischem Denken und Handeln zu verbinden und eine entsprechende Rechtsform (GmbH) anzunehmen. Solche Sozialunternehmen, die eigentlich Hybridorganisationen sind, bemühen sich um marktgerechte Strategien und Managementmethoden, um sozialen Problemen effektiver zu begegnen. Das hat allerdings auch zahlreiche Nebenwirkungen. Je nach Mischungsverhältnis kann die

Identität als NPO so weit verwässern, dass vor allem Profitinteressen wahrgenommen werden.

Die Zunahme von Mischformen und fließenden Übergängen ist seit mehreren Jahrzehnten zu beobachten, aber relativ wenig erforscht. Dazu kommen noch flexible Partnerschaften, Kooperationen und Allianzen sowie verschwimmende Grenzen zwischen Organisationen und Netzwerken. Tatsächlich erscheint es sinnvoll, heute eher von unterschiedlichen Mischungsgraden auszugehen, als von einer starren Trennung zwischen Staat, Markt und Zivilgesellschaft.

5. Trends und Herausforderungen

Der Wohlfahrtsstaat war die Antwort auf Risiken und soziale Verwerfungen des Industriezeitalters. Das Zeitalter der Exzesse globaler Finanzmärkte erfordert andere Antworten. Die systemische Instabilität der globalen Ökonomie lässt sich nicht von isoliert agierenden Staaten ausbalancieren. Wenn immer mehr Menschen in die Wirtschaftskreisläufe globaler Märkte hineingezogen werden und immer größere Risiken drohen, wächst der Bedarf an Sicherung und Stabilität. Darin liegt der Keim neuer sozialer Bewegungen und neuer Institutionalisierungen. Immer ist die wirtschaftliche Koordination nur eine Seite der Medaille, die andere Seite ist die Organisation des Zusammenlebens der Menschen. Damit kommen sozialutopische Entwürfe wieder in Erinnerung, die den sozialen Raum und wechselseitige Verantwortung ebenfalls global denken. In diesen Kontext gehören gesellschaftliche Lösungsansätze nachhaltiger Entwicklung, die möglichst sozial gerecht, ökologisch verträglich und ökonomisch tragfähig sein sollen.

Die klassische Aufgabenteilung zwischen Staat, Markt und Zivilgesellschaft folgt historisch gewachsenen Entwicklungspfaden. So werfen die aktuellen Funktionen und Handlungsfelder des Non-Profit-Sektors auch ein Licht auf seine zukünftige Rolle. Vorhandene institutionelle Vorgaben bahnen die weitere Entwicklung. Aus der historischen Betrachtung wissen wir, dass der Non-Profit-Bereich in Deutschland im Zuge der Industrialisierung einen bedeutenden Wachstumsschub erlebt hat. Die drängende Armutsproblematik zu Beginn des 19. Jahrhundert provozierte staatliche Eingriffe wie die Bismarck'schen Reformen (s. o.: *3. Historische Staatsnähe des Non-Profit-Sektors in Deutschland*). Staatlich geförderte, aber von der Administration getrennt handelnde Organisationen übernehmen wichtige Aufgaben der Wohlfahrtsproduktion.

Die komplementäre Rollenverteilung zwischen Staat, Markt und Drittem Sektor wurde nach 1945 mit der sozialen Marktwirtschaft fortgesetzt und kontinuierlich ausgebaut. So ist in Deutschland die Entwicklung des Non-Profit-Sektors von staatlichen Wohlfahrtsarrangements geprägt. Die Staatsnähe des Dritten Sektors blieb weitgehend erhalten. Aber die Größenordnung der globalen Ökonomie und die gegenseitige Abhängigkeit der Wirtschaftsräume erfordern Antworten, die über nationale Grenzen hinausgehen. Der Staat verliert als souveräne Einheit seit Ende des 20. Jahrhunderts an Durchsetzungskraft und in den Augen vieler Bürger auch an Legitimität. Ein Teil der Erwartungen an Steuerung, Sicherung und sozialer Gerechtigkeit, die der Staat nicht befriedigen kann, werden sich auf nicht-staatliche oder supranationale Ebenen verlagern. Umso wichtiger werden die genuinen Funktionen des Non-Profit-Sektors.

Ende des 20. Jahrhunderts ließen technologische Innovationen, geopolitische Veränderungen und die Öffnung der Märkte die Wirtschaft expandieren. Die Wirtschaft gab zwar den Ton an, aber innerhalb der Globalisierungsdynamik war sie selbst Getriebene. Alle Sektoren gerieten unter Anpassungs- und Restrukturierungsdruck (s. o.: *2. Paradigmenwechsel von der Bedarfs- zur Marktorientierung*). Nach der deutschen Vereinigung war die Staatsverschuldung in den 1990er-Jahren enorm gestiegen. Dies verstärkte den ökonomischen Druck auf den Sozialstaat. Man sprach allgemein von der Krise des Wohlfahrtsstaates – und den Weg aus der Krise wies die neoliberale Doktrin. So wurde eine ökonomische Theorie zur Leitidee sozialpolitischer Entscheidungen. Das liberale Prinzip »mehr Markt, weniger Staat« stand für den Rückzug des Staates auf seine Kernaufgaben, die Liberalisierung der Wirtschaft und den marktgerechten Umbau der öffentlichen Verwaltung.

Seit der Einführung des neuen Steuerungsmodells in der öffentlichen Verwaltung (New Public Management) sickert die ökonomische Logik auch in soziale Handlungsfelder. Das Expertenwissen dafür liefern neu eingerichtete Studiengänge für Sozialmanagement. Die grundlegende Ausrichtung an Marktgesetzen durchdringt alle Bereiche und zwingt

Non-Profit-Organisationen untereinander oder mit Profit-Organisationen zu konkurrieren.

Die Produktivkraft der Informationstechnologie scheint noch lange nicht ausgeschöpft. Und Wachstum ist das Credo des kapitalistischen Systems. Aber die Weltwirtschaft entwickelt sich territorial sehr unterschiedlich. Die wirtschaftlichen Kraftzentren verschieben sich. Dabei ist die individuelle Teilhabe am gesellschaftlichen Reichtum der Wissensgesellschaft an Bildungschancen gekoppelt. Und die Entwicklung des Gemeinwesens als Ganzes hängt davon ab, dass möglichst vielen Menschen aus allen Schichten der Zugang zu Bildung ermöglicht wird. Mit der Flexibilisierung der Arbeit nimmt die Flexibilisierung der Familien- und Lebensformen zu. Damit verändern sich auch die Sozialisationsmuster. Viele Familien und vor allem Alleinerziehende sind nicht mehr in der Lage, Erziehungsaufgaben alleine zu bewältigen. Zusätzliche Betreuungs- und Förderangebote, die öffentlich oder privat organisiert werden, sollen die Familien entlasten.

So sind die individuellen Lebensläufe in institutionelle Ordnungen eingebettet – z. B. in Betreuungs- und Ausbildungssysteme, Regelungen der Erwerbsarbeit, Sozialversicherungssysteme, Krankheits- und Altersvorsorge und viele andere Standards der Lebens- und Arbeitswelt. Institutionalisierungen dieser Art werden die Menschen weiter begleiten und sogar zunehmen.

Die wachsende Bedeutung von Non-Profit-Leistungen ergibt sich vor allem aus Herausforderungen des demografischen Wandels. Der medizinische Fortschritt trägt erfreulicherweise dazu bei, dass immer mehr Menschen ein hohes Alter erreichen. Gleichzeitig geht die Geburtenrate zurück. Von der Überalterung sind alle modernen Industriestaaten betroffen. Nach Prognosen der UNO soll sich die Zahl der über 60-Jährigen zur Jahrhundertmitte weltweit verdreifachen. In Europa wird allerdings die Bevölkerung bis 2050 um 67 Millionen Menschen schrumpfen.

In den Jahren 2015 bis 2030 werden die starken Jahrgänge der »Babyboomer« das Rentenalter erreichen. Gleichzeitig geht die Zahl der

Erwerbstätigen zurück. Die Sozialkassen müssen also bei steigenden Kosten mit weniger Beitragszahlern rechnen. Dem versucht man dadurch zu begegnen, dass ältere Menschen länger berufstätig bleiben und später ihre gesetzliche Rente beziehen. Den Fachkräftemangel versucht man zusätzlich mit gezielt geförderter Einwanderung zu mildern. Aber der Bevölkerungsrückgang kann allein durch Zuwanderung nicht völlig kompensiert werden.

Vom Fachkräftemangel werden vor allem auch Gesundheitsberufe und personenintensive soziale Dienste betroffen sein. Wie lässt sich zukünftig die Kinderbetreuung und die alltägliche Versorgung Hilfebedürftiger bewältigen? Die Quote berufstätiger Frauen ließe sich erhöhen, wenn die Vereinbarkeit von Familie und Beruf weiter verbessert würde. Dazu bedarf es flexibler Arbeitszeiten und attraktiver Betreuungsangebote für Kinder – vor allem für Kinder unter drei Jahren. Deshalb werden unter Zeitdruck Betreuungsplätze geschaffen. Aber der Mangel an Erzieherinnen und Erziehern bleibt ein Hauptproblem. Auch der Fachkräftemangel bei der Betreuung älterer und behinderter Menschen verschärft sich zusehends. Die Zahl der pflegenden Angehörigen nimmt ab, aber die Zahl der pflegebedürftigen Menschen nimmt stetig zu. Zur Lösung dieser Probleme, die sich in den kommenden Jahren zuspitzen werden, empfehlen Experten eine gezielte Zuwanderungspolitik und die Verbesserung des Bildungssystems, mehr Förderung für Kinder aus Zuwandererfamilien, dazu mehr Krippen, mehr Kindergärten und Ganztagsschulen. Die Quote der Hauptschulabbrecher könnte durch den frühzeitigen Einsatz von Schulsozialarbeit und anderen Fördermaßnahmen gesenkt werden. Der Aus- und Umbau des Bildungssystems erfordert also flankierende soziale Dienste. Und Investitionen in die Quantität (z. B. Ausbau von Betreuungsplätzen) sind nur der erste Schritt, dem dann Anstrengungen der Qualitätsverbesserung (z. B. Fort- und Weiterbildung, Supervision etc.) folgen müssen.

Die genannten Beispiele zeigen, wie sehr mögliche Auswege aus der Demografiekrise verwoben sind. Der Druck auf Kommunen und Städte wird wachsen. Probleme wie Altersarmut, eingeschränkte Mobilität, soziale Isolation und erhöhter Versorgungsbedarf werden zu allererst dort manifest. Alle Sozialsysteme stehen vor immensen Herausforderungen. Angesichts solcher Problemlagen wird sich auch organisierte Selbsthilfe auf der Basis von Gegenseitigkeit formieren. Der öffentliche Sektor allein könnte dies nicht bewältigen. Zivilgesellschaftliche Initiativen, neue Wohnformen, Nachbarschaftshilfen etc. werden kommunale Programme ergänzen. Dies erfordert wiederum Abstimmung und Koordination. Kleinere Selbsthilfeinitiativen werden mit potenteren Organisationen Partnerschaften eingehen, sich miteinander und mit wechselnden Akteuren aus anderen Sektoren – regional und überregional – vernetzen. Der gesamte Non-Profit-Sektor wächst und Mischformen werden weiter zunehmen. Die Zeichen der Non-Profit-Entwicklung stehen auf Expansion.

Kein gesellschaftlicher Bereich bleibt von der demografischen Entwicklung unbeeinflusst. Die Überalterung der Gesellschaft macht Fachkräfte zu einer raren Ressource. Die Zahl der Menschen im erwerbsfähigen Alter wird sich mehr als doppelt so schnell reduzieren wie die Gesamtbevölkerungszahl. Die damit zusammenhängenden sozialpolitischen und ökonomischen Herausforderungen werden nicht allein im Non-Profit-Sektor bearbeitet. Sie lassen sich nur bewältigen, wenn Unternehmen, Kommunen und Verbände kooperieren. Die Gesellschaft muss mehr in Bildung für Hauptschüler und mehr in Kita-Plätze für Migrantenkinder investieren. Schon im eigenen Interesse werden auch Wirtschaftsunternehmen vermehrt in Lehrlingsausbildung, Gesundheitsvorsorge und Kinderbetreuung (Betriebskindergärten) investieren müssen. Sozialintegrative Maßnahmen und spezifische Bildungsangebote liegen im Interesse der Wirtschaft und werden dort Unterstützung finden.

Einwanderung kann und muss als Chance begriffen und gezielt gefördert werden. Schon jetzt dient die Einwanderungspolitik der Suche nach Spezialisten. Die Integration von Fremden und Randgruppen bleibt also eine fortgesetzte Aufgabe. Mehrere Millionen Menschen in Deutschland haben geringe Aufstiegschancen und wenig Möglichkeiten, für ihr Alter vorzusorgen. Ausgrenzung, Benachteiligung und Armut werden Problemfelder bleiben. Solchen Problemlagen, die häufig globale, nationale oder überregionale Ursachen haben, aber lokal in Erscheinung treten, kann nur in gemeinsamer Verantwortung effektiv begegnet werden. Die Zukunft gehört deshalb dem Zusammenspiel der Sektoren und der Ausweitung der Kooperation von Profit- und Non-Profit-Organisationen.

Mit Blick auf die Vernetzung im sozialen Raum ist häufig auch von Sozialkapital die Rede. Schlüsselfaktoren sind dabei Gegenseitigkeit und Vertrauen. Sozialkapital beinhaltet gemeinschaftsbildende Verhaltensmuster, durch die gesellschaftliche Trennlinien überwunden werden. Über Sozialkapital verfügen vor allem bürgerschaftliche Initiativen oder Verbände und Vereine bzw. Dritter-Sektor-Organisationen. Ein Sammelbegriff für gemeinschaftsorientierte, solidarisch handelnde Kräfte jenseits staatlicher Institutionen ist die Zivilgesellschaft.

Häufig wird übersehen, dass Wirtschaft und Gesellschaft ohne wechselseitiges Vertrauen und von allen akzeptierte Regeln nicht auskommen können. Sogar Märkte haben diese Voraussetzungen. Das Wirtschaftsgeschehen funktioniert auf der Basis fester Spielregeln und einer sozialen Infrastruktur. Florierende Märkte und demokratische Verfahren setzen wechselseitige Verpflichtungen und ein Minimum an Vertrauen voraus – sowohl zwischen Personen (auf der Mikro-Ebene) als auch zwischen Organisationen (auf der Meso-Ebene).

Wie grundlegend wechselseitige Bindungen sind, wird oft erst deutlich, wenn sie erodieren. Mangelndes Vertrauen der Bürger in politische Eliten und Institutionen kann ein Herrschaftssystem sehr schnell destabilisieren. Und wenn Banken das Vertrauen ihrer Kunden oder Geschäftspartner verlieren, drohen Insolvenzen, bis hin zum Zusammenbruch des ganzen ökonomischen Systems.

Wie entsteht soziales Kapital, und wie wird die Bindung aufrechterhalten? Für den gesamtgesellschaftlichen Zusammenhalt spielt tatsächlich ein florierendes Vereinswesen eine große Rolle. Es fördert Bindekräfte auf der Makro-Ebene. Individuelle Vernetzung durch Mitgliedschaften und Beteiligung in unterschiedlichen Kontexten und Gruppierungen generieren außerdem soziales Kapital auf der Mikro-

wie auf der Meso-Ebene. Sozialkapital kann als individuelle Ressource oder auch als Ressource eines sozialen Systems gesehen werden. Vom sozialen Kapital eines einzelnen Menschen profitiert zusammengenommen auch die Gruppe, der er angehört. Auf der Mikro-Ebene stärken Beziehungsnetze und wechselseitiges Vertrauen zwischen einzelnen Personen die Kohäsion. Brückenschlagendes soziales Kapital verbindet unterschiedliche Gruppen, Klassen, oder Generationen miteinander.

Die Megatrends der Spätmoderne wie Individualisierung, Pluralisierung und soziale Beschleunigung werden die gesellschaftliche Differenzierung und auch die Ausdifferenzierung des Non-Profit-Sektors weiter vorantreiben. Der Dritte Sektor ist Teil des Übergangs von der industriellen zur postindustriellen Gesellschaft. NPO stehen für soziale Prosperität und Kohäsion. Durch die Dynamisierung der Lebens- und Beschäftigungsverhältnisse (Mobilität, Bindung auf Zeit, Flexibilität etc.) wächst auch der Bedarf an Dienstleistungen, die Menschen absichern, unterstützen und einbinden. Allerdings werden die Organisationsformen heterogener und die Aktivitäten vielfältiger und vernetzter.

Die Welt um uns herum verändert sich immer schneller – nicht nur durch grenzüberschreitende Ströme von Kapital, Informationen und Gütern, sondern auch durch die Verschiebung geopolitischer Machtzentren. Überall erstarken selbstbewusste Bürger und fordern mehr und direktere Beteiligung an der politischen Willensbildung. Der neoliberale Glaube an »die unsichtbare Hand« des Marktes als gesellschaftliches Steuerungsprinzip ist nicht mehr tragfähig. In der Finanzmarktkrise 2008 war staatliche Intervention auch in Wirtschaftskreisen hoch willkommen. Staaten mussten mit großen Summen einspringen, um Banken vor dem Kollaps zu bewahren und weitere wirtschaftliche Turbulenzen zu verhüten. Nachdem aber die Staatsausgaben aus dem Ruder gelaufen sind, ringen nun viele Staaten darum, ihre Schulden in den Griff zu bekommen. Angesichts entgrenzter Wirtschaftsräume mit riskanter Dynamik stellt sich nun die Frage, welche Steuerungssysteme in Zukunft noch greifen können. Einflussfaktoren, die sich nationalstaatlicher Steuerung entziehen, schwächen die Souveränität der Staaten. Weltweite Interdependenz (speziell in Wirtschafts-, Sicherheits- und Umweltfragen) erfordert übergeordnete Abstimmung und multilaterale Zusammenarbeit.

Wie alle anderen gesellschaftlichen Sphären ist auch der Non-Profit-Sektor in globale Wechselbeziehungen eingebunden. Die wirtschaftliche und politische Liberalisierung, technische Innovationen und nicht zuletzt grenzüberschreitende Risiken haben den Entscheidungs- und Handlungsrahmen grundlegend verändert. Durch globalisierungsbedingte Steuerungsdefizite der Nationalstaaten gewinnt die Zusammenarbeit mit Akteuren der *Global Civil Society* an Bedeutung. Dabei bilden sich interessante Kooperations- und Partizipationsformen heraus. Nichtregierungsorganisationen (NGO) werden als Interessenvermittler auf internationaler Bühne (Europäischen Union, Vereinte Nationen, Weltbank etc.) vermehrt einbezogen. Dort kooperieren Akteure aus allen drei Sektoren, um in geteilter Verantwortung (z. B. beim Bau eines Staudamms oder anderen Großprojekten) zu tragfähigen Entscheidungen zu kommen. Diese trisektorale Zusammenarbeit trägt dazu bei, Risiken zu minimieren und die Legitimität von Entscheidungen zu erhöhen. (Vgl. zu »Global Public Policy«: Reinicke 1997, 127-138. Zu »Trisektorale Netzwerke«: Schade 2002, 58-61.)

So haben Nichtregierungsorganisationen – vor allem zu den Themen Menschenrechte, Entwicklung, Katastrophenhilfe und Umwelt – auf geopolitischer Ebene Ansehen und Einfluss gewonnen. Den Beitrag zivilgesellschaftlicher Akteure würdigt der Direktor der Global Governance Initiative *Parag Khanna* (New America Foundation, New York) vor allem in Hinblick auf die Legitimation und breitere Akzeptanz internationaler Projekte. Die Vorstellung, dass Regierungen dort hohe Politik betreiben, während NGO nur Lücken schließen, sei nicht mehr zeitgemäß. »NGO sind die Schlepper der fortschrittlichen Diplomatie, die die Supertanker – Regierungen und internationale Organisationen – bei Menschenrechten und Klimawandel – in die richtige Richtung bugsieren«, so Khanna (2011). Im Idealfall fließen also relevante Informationen aus allen drei

Sektoren in Entscheidungen zu transnationalen Großprojekten. Die Kooperation internationaler, staatlicher, privatwirtschaftlicher und zivilgesellschaftlicher Organisationen verbessert die Chancen, dass alle Beteiligten die ausgehandelten Ergebnisse mittragen.

Offenbar ist trisektorale Kooperation ein tragfähiges Modell für nachhaltige Lösungen. Auf diese Weise lassen sich Ressourcen, die aus der Vernetzung unterschiedlicher Informationen und Kompetenzen erwachsen, wirksamer nutzen. Bürgeraktivisten werden in Zukunft vermutlich häufiger direkt beteiligt werden. Denn sie können Regierungen und Konzernen gefährlich werden. Bürgerbeteiligung und Transparenz erhöhen die Akzeptanz von Projekten, und die Bürger fordern beides. Denn die Widersprüche zwischen den Zwängen des globalen Wettbewerbs und den Bedürfnissen nach einem menschenverträglichen Leben nehmen an Schärfe zu. Hier sind Non-Profit-Kompetenzen besonders gefragt. Schließlich ist der Non-Profit-Sektor auf die Produktion von Gütern spezialisiert, die dem Gemeinwohl dienen. Er ist geübt, Solidarität zu organisieren und ehrenamtliches Engagement zu bündeln. NPO verfügen über ein immenses soziales Kapital und das Know-how, differenzierte Bedarfe unterschiedlichster Gruppen zu bedienen. Und man kann weitgehend darauf vertrauen, dass sie dies ohne Profit-Interessen anwenden. Der Ausgleich zwischen den Zwängen der globalen Wirtschaft und den Imperativen einer menschlichen Lebenswelt ist eine der zentralen Herausforderungen. Und die kategoriale Unterscheidung zwischen Profit- und Non-Profit-Organisationen ist eine hilfreiche Denkfigur in diesem Kontext. Schließlich unterscheidet sich solidarisches Handeln von der Logik der Märkte und Gemeinwohlorientierung von unternehmerischem Streben nach Gewinn. Die genuinen Ressourcen von NPO können nur dann gezielt genutzt werden, wenn die Unterschiede zum Profit-Sektor noch erkennbar bleiben. Die jeweilige Organisationskultur und spezifische Identität, die sich auf Non-Profit-Ziele stützt, gilt es zu stärken. Wenn alle Konturen verschwimmen und NPO zu Unternehmen zweiter Klasse werden, gehen ganz wesentliche Ressourcen intersektoraler Kooperation verloren.

Ein Fortschrittsmodell, das Wirtschaftwachstum groß schreibt und soziale Entwicklung eher klein, stößt in den letzten Dekaden deutlicher an seine Grenzen. Das 20. Jahrhundert stand unter dem Zeichen des Wirtschaftoptimismus und zuletzt unter dem Druck systemischer Herausforderungen. Welche Fortschrittsidee wird den Glauben an die Märkte ablösen? Im 21. Jahrhundert könnten soziale Kohäsion, soziales Kapital und möglicherweise auch »Entschleunigung« als Quelle kollektiver Wohlfahrt eine Renaissance erleben. Zumindest regen sich unter mündigen Bürgern Zweifel an den bisherigen Fortschrittskonzepten, die Illusionen nahezu unbeschränkter individueller Freiheit suggerieren, aber durch Wachstums- und Beschleunigungszwänge gigantische kollektive Risiken hervorbringen.

In Zukunft wird es darum gehen, die Entwicklung von Teilsystemen neu zu synchronisieren, beispielsweise die Entwicklung des Bildungssystems mit der wissenschaftlich-technologischen und der ökonomischen Entwicklung auszubalancieren. Die weit größere Herausforderung wird allerdings sein, diese Dynamiken mit dem Generationenaustausch sowie der sozialen Integrations- und kulturellen Entwicklungsfähigkeit der Gesellschaft in Einklang zu bringen. Nicht zuletzt geht es dabei auch um die ökologische Regenerationsfähigkeit der natürlichen Umwelt. Es stellt sich also die Frage, wie wir diesen Herausforderungen auf der Ebene der Organisation mit humanverträglichen Konzepten begegnen können.

6. Wandel und Identität von Non-Profit-Organisationen

Aus der Distanz betrachtet erscheinen Modernisierungsbewegungen in übergreifende, quasi sich selbst antreibende Prozesse eingebettet. Feedbackschleifen zwischen ökonomischen, sozialen, ökologischen und politischen Aspekten lösen immer wieder Entwicklungsschübe aus. Außerdem wirken technische Innovationen als mächtige Triebfedern. Alle Prozesse scheinen einer Steigerungslogik zu unterliegen, wobei die Verknüpfung von Wachstum und Beschleunigung als Grundtendenz alle gesellschaftlichen Bereiche durchzieht. Nicht nur die Entfaltung der Produktivkräfte treibt die Moderne an, sondern mit ihr die Beschleunigung aller Prozesse. Der Entwicklungsmotor lässt sich offenbar nicht auf Faktoren wie Rationalisierung, Differenzierung und Ökonomisierung reduzieren. Hartmut Rosa (2005) sieht in der progressiven Dynamisierung die eigentliche treibende Kraft der Moderne. Dabei ist die Steigerung wirtschaftlicher Wachstumsraten nur eine Facette.

In der Erwerbswirtschaft ergeben sich Entwicklungsimpulse vor allem aus Marktveränderungen. So führte in den letzten Dekaden die Ausweitung der Wirtschaftsräume zusammen mit technologischen Innovationen zu tiefgreifenden Strukturveränderungen. Dieser Modernisierungsschub erfasste dann im Weiteren die öffentliche Verwaltung sowie Vereine und Verbände. Effizienzvorstellungen aus der Erwerbswirtschaft wurden dabei quasi eins zu eins auf den staatlichen und den Dritten Sektor übertragen. So gilt die Einführung betriebswirtschaftlicher Instrumente in allen Bereichen heute als ein selbstverständliches Erfordernis moderner Organisationsgestaltung. Dieser Anspruch ist teilweise intersektoralen Anpassungsprozessen geschuldet, aber auch stark von der Dominanz neoliberaler Ideen geprägt. Nach der deutschen Vereinigung verstärkte die Verknappung finanzieller Ressourcen den Druck auf den Dritten Sektor.

Im Non-Profit-Sektor werden organisationale Veränderungen meist durch Anpassungsdruck aus dem Umfeld vorangetrieben. Die Verknappung von Ressourcen war und ist ein verbreiteter Anlass für Strukturmaßnahmen. Der Ehrgeiz oder Gestaltungswille einzelner dient als Schrittmacher. Dysfunktionen oder interne Krisenphänomene können ebenfalls Entwicklungsbedarf signalisieren und die Organisation in Bewegung bringen.

Weitere Entwicklungsschübe sind zu erwarten. Denn Krisenszenarien und Sparzwänge werden neue Anpassungen und Entwicklungsanstrengungen erforderlich machen. Die Milliardensummen, die nötig sind, um das Wirtschaftssystem zu stützen und Staatsschulden abzutragen, bergen sozialen Sprengstoff. Die Verteilungsfrage wird sich wohl mittelfristig mit neuer Schärfe stellen. Der Abbau von Sozialleistungen und die daraus folgenden Missverhältnisse werden weitere Turbulenzen provozieren.

Gerade das Risiko sozialer Unruhen ruft die Tatsache in Erinnerung, dass der Profit- und der Non-Profit-Sektor aufeinander angewiesen sind. Staat und Zivilgesellschaft profitieren von der Leistungsfähigkeit der Erwerbsökonomie. Auf der anderen Seite profitiert die Wirtschaft von staatlichen Garantien und sozialer Stabilität. Die Funktionsbereiche sind voneinander abhängig und ergänzen sich gegenseitig, zumal die dem Wirtschaftssystem immanenten Krisen politisch oder sozial eingehegt werden müssen. Und in wirtschaftlich schwierigen Zeiten steigt der Bedarf an Hilfen, die im Non-Profit-Sektor erbracht werden.

Auch ohne Krisenszenarien zu unterstellen, ist wirtschaftliche Prosperität auf flankierende Bedingungen angewiesen. Dazu gehören Rechtsstaatlichkeit, eine funktionierende öffentliche Verwaltung, zivilgesellschaftliche Organisationen und ein sozialer Grundkonsens.

Aus der wechselseitigen Abhängigkeit der Funktionsbereiche ergeben sich gegenseitige Verpflichtungen. Non-Profit-Organisationen haben im Wesentlichen ihren genuinen Zwecken zu dienen. Im Non-Profit-Sektor ist Geld nur eine Ressource bzw. Mittel zum Zweck, während im Profit-Bereich Geld das angestrebte Ergebnis des Wirtschaftens darstellt.

Es gilt also, sich bewusst zu machen, welchen identitätsstiftenden Traditionen die Organisation entstammt, welchen Funktionssystemen sie zugehört und welchen Werten sie verpflichtet ist. NPO können den gleichen Funktionsbereich (z. B. Gesundheit, Bildung, Erziehung) mit Profit-Organisationen teilen, aber sie unterscheiden sich durch Gemeinnützigkeit und durch spezifische Traditionen und Werthaltungen von diesen. Solche Merkmale haben eine große Wirkung auf die Entscheidung von Personen, Mitglied in einem Verein zu werden oder ein Ehrenamt zu übernehmen. Das heißt, als Wertegemeinschaft verfügen NPO über besondere Ressourcen, Vertrauen zu gewinnen und Engagement zu generieren.

Eine Studie zu Beschäftigten in gemeinnützigen Organisationen am Beispiel von Nichtregierungsorganisationen (Frantz 2004) zeigt, dass Hauptamtliche im Non-Profit-Sektor ähnliche Motivationsstrukturen aufweisen wie ehrenamtlich Beschäftigte. Viele Befragte entschieden sich aufgrund religiöser, normativer oder politischer Überzeugungen für ihren Beruf. Dabei ist die inhaltliche Übereinstimmung der eigenen Werthaltungen mit dem Leitbild der Organisation ein zentraler Aspekt.

Das Engagement von Führungskräften in gemeinnützigen Organisationen bestätigt diesen Befund. Vereinsmanagerinnen und -manager werden in starkem Maße von Verantwortungsbewusstsein gegenüber anderen Menschen und der Gesellschaft motiviert.

Die Befragten stellten für den Einstieg in ihre hauptamtliche Berufstätigkeit oder ihr Ehrenamt vor allem drei Motive in den Vordergrund (Beher et al. 2008, 138 f.):

- Sich für andere Menschen und gesellschaftlich wichtige Anliegen einsetzen.
- Teil einer Gruppe sein, die durch eine gemeinsame Sache verbunden ist.
- Eine Tätigkeit übernehmen, die Spaß macht.

Die Rekrutierungs- und Karrieremuster in gemeinnützigen Organisationen sind durch hohe Übereinstimmung von Motivation, Wertbindung und Lebenslauf bestimmt. Beide Gruppen, bezahlte wie unbezahlte Führungskräfte, betonen die Bedeutung einer gemeinschaftsorientierten Integration im Binnenverhältnis sowie politische und soziale Aufgaben der Organisation.

Organisationsentwicklung ist doppelgesichtig. Man kann OE auf der einen Seite als bewusst angestrebte Veränderung begreifen, andererseits als einen Modernisierungsprozess, der in übergreifende Veränderungsprozesse eingebettet ist. Modernisierung selbst kann je nach Perspektive als Gestaltungsaufgabe oder als Sachzwang aufgefasst werden. Auch hier spielen Überzeugungen, Theorien und Weltbilder eine wichtige Rolle.

Der Glaube an freie Märkte beförderte den Umbau ganzer Gesellschaften in Wettbewerbsgesellschaften – politisch gewollt und mittels Deregulierung und Privatisierung umgesetzt. Die Modernisierung der öffentlichen Verwaltung und der Umbau der sozialen Sicherungssysteme in Deutschland (Agenda 2000) waren Teil einer solchen übergreifenden Entwicklung (s. o.: *2. Paradigmenwechsel von der Bedarfs- zur Marktorientierung*). Das heißt, für Verantwortliche in NPO legt Wettbewerbsdruck immer neue Anstrengungen nahe, die jeweilige Organisation nach vorne zu bringen. Es entsteht ein sich selbst verstärkender Kreislauf. Dazu kommt Druck von Seiten politischer Entscheider und Kostenträger.

Für individuelle Akteure sind die Folgen solcher Systemerfordernisse an ihrer Arbeitssituation ablesbar. Die Anpassung an marktgerechte Strukturen erleben sie als Arbeitsverdichtung oder als Entgrenzung von Arbeit und Privatleben. Die geforderte Mitarbeiterflexibilität wirkt allerdings auch auf die Organisationen zurück. Die Bindung der Mitarbeiter an »ihre« Organisation lockert sich, weil sie – je nach Marktlage – ihre Zugehörigkeit entweder als unsicher erleben oder als vorübergehenden Job verstehen. Man vertraut nicht mehr darauf, dass sich Loyalität und langfristige Bindung lohnen.

Beschäftigte, die sich bewusst für den öffentlichen Bereich entscheiden, sind häufiger an einer längerfristigen Organisationszugehörigkeit interessiert. Der Wunsch nach Arbeitsplatzsicherheit und stabilen Verhältnissen kann dabei eine Rolle spielen.

Um Veränderungen auf organisationaler Ebene zu beschreiben, folgen wir hier einer von Soziologen vorgeschlagenen Verknüpfung systemischer Konzepte mit handlungstheoretischen Begriffen (Peetz / Lohr 2010, 447-497). Ausgangspunkt dieses Ansatzes ist die auf Max Weber zurückgehende These, dass Arbeit als soziales Handeln in Organisationen zu analysieren ist, und außerdem Organisationen nur in ihrem gesellschaftlichen Kontext angemessen erfasst werden können. Arbeit kann als Beteiligung von Personen an der Leistungserbringung der Organisation begriffen werden. Durch die Handlungsperspektive individueller Akteure (Arbeitsbegriff) wird die im Non-Profit-Bereich so wichtige intersubjektive Dimension hervorgehoben. Denn die Haltung der Akteure und die davon abgeleitete Beziehungsgestaltung ist häufig gerade hier für die Qualität der Organisationsleistung und den Erfolg der Organisation entscheidend.

Die Betonung der Perspektive der Akteure korrespondiert mit der Bedeutung intrinsischer Motive für die Leistungserbringung. Die Verhaltenserwartungen der Organisation an ihre Mitglieder, die sich beispielsweise in Stellenbeschreibungen und Aufgabenzuweisungen oder Handlungsprogrammen ausdrücken, haben eine Kehrseite – nämlich die Erwartungen der Mitglieder an ihre Organisation. Mitglieder von Vereinen und Verbänden z. B. können einerseits als Adressaten von Erwartungen verstanden werden, die sie mit ihrer Mitgliedschaftsentscheidung akzeptieren. Andererseits formulieren die Akteure als Mitglieder oder Mitarbeiter auch selbst Erwartungen an die Organisation. Mit ihren Entscheidungen und ihrem Beitrag an der Leistung der Organisation wirken sie auf diese zurück. Die Kopplung von Person und Organisation beschreibt ein zweiseitiges Verhältnis.

Die Akteursperspektive gewinnt im Wirtschaftssektor und im öffentlichen Dienst vor allem dann an Gewicht, wenn Arbeitskräftemangel herrscht. Im Dritten Sektor, wo Freiwillige rekrutiert werden, stellt sich die Frage nach der Attraktivität der Organisation für die Beteiligten häufiger. Und bei Bürgerinitiativen oder anderen basisnahen Organisationen sind ohnehin ideell motivierte Akteure die treibende Kraft.

In Wirtschaftsunternehmen ist die Logik eine andere. Entsprechend ihres Funktionsbezugs unterliegen sie dem Anspruch, wirtschaftliche Überschüsse zu produzieren. Klassische Industriearbeit ist zu diesem Zweck hochgradig arbeitsteilig organisiert und von »objektivierten« Verhaltenserwartungen (z. B. Stellenbeschreibungen mit deutlichen Hierarchien und detaillierten Kontrollen) geprägt. Industriearbeiter erwarten im Austausch für ihre Leistung Sicherheit und eine adäquate Entlohnung. Die Arbeit dient ihnen in erster Linie als Existenzsicherung.

Industrielle Arbeit in dieser Form ist seit einigen Jahrzehnten in Bewegung geraten. Impulse dazu ergaben sich aus der fortschreitenden Ausweitung der Märkte und der Ausrichtung der Unternehmen auf den Kapitalmarkt. Wirtschaftsunternehmen wurden mit Herausforderungen konfrontiert, auf die sie mit der Umstellung ihrer Entscheidungsfindung, ihrer Kommunikationswege und einer veränderten Nutzung menschlicher Arbeitskraft reagierten. Dabei erscheinen diese Strukturveränderungen quasi als Ergebnis einer anonymen abstrakten Kontrolle der Unternehmen durch Marktkräfte.

Diese Veränderungen in den Programmstrukturen können im Kern als Abkehr von der (industrie-) bürokratischen Großorganisation beschrieben werden. Die Kapitalmarktausrichtung der Unternehmen führte zu neuen Steuerungsmodi, die flexibles Reagieren auf Markterfordernisse, Shareholder-Ansprüche und Kundenwünsche ermöglichen. So werden durch Zielvereinbarung und »Benchmarking« Prozesse sowohl ausgehandelt als auch flüssig gehalten. Gleichzeitig wächst die Autonomie von Organisationseinheiten. Begriffe wie »Enthierarchisierung«, »Entbürokratisierung«, »Dezentralisierung« kennzeichnen den Umbau in kleinere, mit mehr Autonomie ausgestattete Einheiten. Detailsteuerung wird ersetzt durch die Vorgabe von Kennziffern oder durch Wettbewerbsmechanismen innerhalb der Organisationskultur. Gemeinschaftliche Koordinationsformen wie Teamarbeit und Netzwerke sind wichtige Elemente der dezentralen Struktur. In großen Organisationen erfolgt die Steuerung quasi autonomer Einheiten durch Matrixstrukturen.

Mit diesem Strukturumbau wächst die Bedeutung von Kommunikation innerhalb der Organisation. Und mit den Steuerungsmodi ändern sich auch die Verhaltenserwartungen an Personen. Die Ergebnisorientierung erfordert mehr Selbstverantwortung, Selbstorganisation und zeitliche Flexibilität. Von den Beschäftigten wird diese »Subjektivierung« von Arbeit als Zugewinn an Spielraum, aber auch als Entgrenzung von Arbeit und Leben wahrgenommen.

Beim Vergleich industrieller Arbeit mit personenbezogener Arbeit von beispielsweise Lehrerinnen und Lehrern in Schulen kommen Peetz und Lohr (a. a. O., 463-468) zu der interessanten Einschätzung, dass Bildungs- und Erziehungsorganisationen bereits die oben beschriebenen Phänomene vorwegnehmen, die in der Industriesoziologie als »Subjektivierung von Arbeit« diskutiert werden. Diesen Ansatz greifen wir hier auf, um die Besonderheiten personenbezogener Leistungen im Non-Profit-Sektor exemplarisch herauszuarbeiten.

Kernaufgabe der Schule ist es, Lehr-/Lernverhältnisse zu organisieren und Probleme von Erziehung zu bearbeiten. Dies kann nicht wie bei der Fließbandmontage mit Konditionalprogrammen geschehen. Die Adressaten von Erziehungsarbeit sind Subjekte, denen Individualität und eine gewisse Autonomie unterstellt werden muss. Schülerinnen und Schüler sollen Urteilsfähigkeit und Selbstverantwortung entwickeln. Man kann sie also nicht als bloße Objekte erzieherischer Operationen betrachten. Spätestens hier wird klar, dass Programme in der Organisation Schule nicht technischen Kausalverhältnissen entsprechen können. Lehren und Lernen vollzieht sich in individuellen Prozessen, die Versuch und Irrtum ebenso einschließen wie kreativ abgewandelte Inhalte und Methoden. Schüler und Schülerinnen lernen auf der Basis intersubjektiver Beziehungen. Sie können Angebote annehmen oder zurückweisen. So ist das Handeln von Lehrerinnen und Lehrern nur bedingt programmierbar. Und Lehr-/Lernprozesse können kaum technologisch vereinfacht oder beschleunigt werden.

Gleiches gilt für Arbeit mit Kindern in den ersten Lebensjahren, also für personenbezogene Leistungen in Einrichtungen der Elementarpädagogik. Die Qualität der dort organisierten Erziehung, Betreuung und Bildung ist in hohem Maße personenabhängig. Denn die Grundlage jeglichen pädagogischen Handelns ist eine vertrauensvolle Beziehung. Allerdings befindet sich auch die Bildungs- und Erziehungsarbeit im Umbruch. Nach den PISA-Studien wurden im Kontext der Schulentwicklungsforschung Maßnahmen zur Reorganisation des Erziehungssystems eingeleitet. Deren generelle Tendenz ist die Stärkung der »Schulautonomie« durch Umstellung hierarchischer Input-Steuerung auf Output-Steuerung. Mit der indirekten Steuerung wird eine effizientere Organisation der Schule und letzten Endes auch eine Verbesserung schulischer Leistungen angestrebt. Diese Neuordnung folgt im Kern dem Modell des New Public Management.

Durch Schulprogrammarbeit soll die Explikation der Zwecksetzung der Schule vorangetrieben und zugleich die Evaluation ihrer Leistung erleichtert werden. Die angekündigten Autonomiegewinne der Schule scheinen aber auch mit einem Anstieg indirekter Steuerungsmechanismen einherzugehen. Schulleiter und -leiterinnen übernehmen dabei spezifische Koordinations- und Managementfunktionen. Die Leitungsrolle wird zunehmend von der Lehrkraftrolle unterschieden. Während die Erziehungsarbeit traditionell als subjektive Arbeit verstanden wird, setzt mit der Trennung von Lehr- und Leitungsfunktionen eine Annäherung an betriebliche Strukturen ein.

Die Bedeutung von Intersubjektivität, die in der (Beziehungs-)Arbeit von Pädagoginnen und Pädagogen offensichtlich ist, zeichnet auch andere Dienstleistungen aus. Die Qualität der Leistungserbringung (und damit die Leistung der Organisation) ist vor allem an der geglückten dialogischen Beziehungsgestaltung abzulesen. Das gilt für soziale Arbeit, die Versorgung Kranker und Pflegebedürftiger, Therapie oder Seelsorge, wie auch für alle Beratungsformen, z. B. Supervision, Mediation und Coaching. Für Beratung im weitesten Sinne sind intersubjektive Prozesse konstitutiv (vgl. Schmidt-Lellek 2006).

Organisiertes Handeln in differenzierten Wohlfahrtssystemen folgt im Kern der Logik helfender Beziehungen (Caritas, Diakonie), solidarischen

Modellen im Sinne genossenschaftlicher Selbsthilfe oder gegenseitiger Unterstützung auf der Basis humaner, egalitärer oder gemeinschaftlicher Prinzipien. Wo dialogische Interaktion oder solidarische Koordination wesentlich zur Leistungserbringung beitragen, entscheidet die Beziehungsgestaltung letztlich dann auch über den Erfolg der Organisation.

Als soziale Wesen sind wir grundsätzlich auf Gegenseitigkeit angewiesen. So vertrauen wir weitgehend darauf, dass andere sich moralisch verhalten und unserem Vertrauensvorschuss gerecht werden. Unsere Interaktionspartner unterstellen uns ihrerseits, dass wir sie nicht hintergehen. Vertrauen ist auch für Organisationen eine wichtige Ressource. Kein Vertrag, kein Regelwerk, keine Kontrolle kann so dicht sein, dass Vertrauen völlig überflüssig wäre. Wechselseitiges Vertrauen und ethische Standards sind ökonomisch gesehen Werte, die Transaktionskosten sparen. In sozialen Systemen gewinnen alle, wenn die Akteure einander vertrauen. Vertrauen durch Beziehungsarbeit zu generieren, ist eine der Stärken des Non-Profit-Bereichs.

Eine weitere Besonderheit sind konsensorientierte Entscheidungsprozesse, die vor allem in basisnahen Organisationen verbreitetet sind. Sie stehen im Kontext dialogischer Beziehungsgestaltung und solidarischer Werte. Solche Kulturmuster sind neben Zwecken im Sinne des Gemeinwohls für NPO typisch. Dagegen läuft im Profit-Bereich alles auf einen Zweck hinaus, nämlich die Kapitalrendite. Den unterschiedlichen Aufgaben im Non-Profit-Bereich entspricht die Vielfalt der Organisations- und Rechtsformen (öffentlicher Betrieb, Anstalt des öffentlichen Rechts so wie andere nicht privatrechtliche Formen, gemeinnütziger Verein, Genossenschaft, Stiftung, gemeinnützige GmbH usw.). Die anerkannte Gemeinnützigkeit oder die definierte Aufgabe im Rahmen der öffentlichen Verwaltung machen die jeweilige Organisation zurechenbar. Die Non-Profit-Merkmale schaffen Vertrauen und lassen vermuten, dass ethische und fachliche Standards nicht monetärem Gewinnstreben geopfert werden. Zumindest kann man die Nachrangigkeit wirtschaftlicher Ziele unterstellen. Darauf vertrauen Klienten, Kunden und Kooperationspartner.

»Marktversagen« nennen Ökonomen das Phänomen, wenn Wettbewerb nicht ausreicht, um eine hinreichend gute Versorgung mit Vertrauensgütern (z. B. Betreuung, Pflege, Gesundheitsdienste, Erziehung) zu gewährleisten. Für öffentliche Güter sind staatliche Institutionen zuständig. Märkte bedienen den individuellen Konsum und Bedarf an Gütern, die mit Eigentumsrechten verbunden sind. Organisationen des Dritten Sektors (z. B. freie Träger) sind besonders für Güter geeignet, die weder rein öffentlicher noch rein privater Natur sind. Meist handelt es sich um Leistungen, die vom Staat im Sinne einer Grundversorgung zwar bereitgestellt werden, aber in spezifischer Form und Qualität besser von privaten Anbietern erbracht werden können. Staatliche Leistungen bedienen in der Regel Mittelwerte oder durchschnittliche Bedarfslagen. Spezifische Interessen einzelner Gruppen oder Minderheiten können deshalb von Mitgliederorganisationen und Verbänden gezielter und damit besser bedient werden. Wir sehen diese Auffächerung von Angeboten in vielen Bereichen, z. B. bei Schulen und Kindertagesstätten, auch im Gesundheitswesen und bei Krankenkassen (AOK, Ersatzkassen oder PKV).

Wie alle Organisationen reproduzieren sich NPO einerseits selbst, indem sie für ihr Fortbestehen sorgen, andererseits sind sie durch ihre Kopplung an bestimmte Funktionsbereiche auch an der Reproduktion der Gesellschaft beteiligt. Man kann also die Organisationsergebnisse sowohl aus dem Blickwinkel der Selbstreferenz als auch der Fremdreferenz bewerten.

Die Fremdreferenz muss allerdings nicht auf ein einziges Funktionssystem beschränkt sein. Gerade Non-Profit-Organisationen funktionieren multireferenziell. Hochschulen beispielsweise sind auf Forschung und Lehre ausgerichtet. Wobei wirtschaftlich interessante Forschungsergebnisse besonders hoch bewertet werden. Oftmals hängt die Höhe des Forschungsetats von der Verwertbarkeit der Ergebnisse ab, und damit auch die Attraktivität der Hochschule für Professoren und Wissenschaftler. Das gesamte Bildungssystem ist im Übrigen multireferenziell.

Organisationen des Dritten Sektors sind in der Regel komplexer als Profit-Organisationen ähnlicher Größenordnung. Die Vielfalt der zu berücksichtigen Anspruchsgruppen (z. B. Vorstände, Mitglieder, Beschäftigte, Leistungsempfänger, Kooperationspartner, Behörden, Kostenträger, Sponsoren etc.) führt nicht selten zu schwer zu bewältigenden Dilemmata. Flexibilität ist eine der Stärken von Vereinen und Verbänden (Dritter-Sektor-Organisationen). Sie sind weniger formal strukturiert als Behörden, mit denen sie kooperieren. Viel Geschick ist erforderlich, Mission, Mitgliedervoten, Rechtsnormen und politische Vorgaben unter einen Hut zu bringen. Dazu mehr im Praxisteil.

Um Funktionsbereiche wie Wohlfahrt, Bildung, Erziehung, Kulturförderung und Sport kümmern sich sowohl öffentliche Einrichtungen als auch Vereine und Verbände. Aber die Grenzen zwischen den Sektoren weichen auf. Mit dem Abbau der staatlichen Daseinsvorsorge, der Verschlankung der Verwaltung und der Privatisierungswelle in Städten und Kommunen wächst gleichzeitig die Zahl privater und zivilgesellschaftlicher Akteure, die öffentliche Aufgaben erledigen. Insgesamt nehmen sektorenübergreifende Mischformen zu.

Hybridorganisationen kombinieren privatwirtschaftliche, zivilgesellschaftliche oder staatliche Strukturen in unterschiedlicher Gewichtung. Privatschulen beispielsweise, die sich teils durch Schulgeld, teils durch Spenden und öffentliche Zuschüsse finanzieren, gehören ebenso zu den Hybridformen wie privatisierte Versorger (Verkehrsbetriebe, Betriebe der Abfallverwertung) oder kommunale Cross-Border-Geschäfte (Verkauf von Sozialwohnungen an private Investoren) oder Kliniken, die als gemeinnützige Gesellschaften (gGmbH) geführt werden. Hybridstrukturen erleichtern die wechselseitige Durchlässigkeit für Ideen und Techniken aus anderen Sektoren. Zunächst aber beschleunigen sie die Adoption marktgerechter Normen und Methoden im öffentlichen und im Dritten Sektor.

Hybridorganisationen gelten in Städten und Kommunen als praktisch und flexibel. Auch ökonomisch erscheinen sie attraktiv. Doch die ursprüngliche Euphorie weicht der Ernüchterung. Deshalb ist in den Rathäusern häufiger von Rekommunalisierung die Rede. Außerdem erkennen immer mehr Bürger und Politiker, dass es um demokratische

Institutionen schlecht bestellt ist, wenn die Grenzen zwischen Ökonomie und Politik verschwimmen.

Wenn Organisationen, die von Non-Profit-Traditionen geprägt sind, sich in die Hand von Märkten geben, birgt dies die Risiken der »mission drift« (Billis 2010, 240 ff.) und der Erosion von Werten. Manche fürchten, Dritter-Sektor-Organisationen könnten durch den »Faustischen Pakt« mit der Wirtschaft »ihre Seele verkaufen« (a. a. O., 9 ff.). Optimistischere Einschätzungen gehen jedoch davon aus, dass auch in Mischformen zentrale Non-Profit-Werte erhalten bleiben. Allerdings ist dort trotzdem Profilschärfe gefragt.

Mischformen sind ein weiterer Schritt der funktionalen Differenzierung in der Gesellschaft. Aus dieser Auffächerung resultieren pluralisierte Organisations- und Arbeitsformen (z. B. Verwaltungsarbeit, industrielle Produktionsarbeit, Handel, Bildungs- und Erziehungsarbeit, Sozialarbeit, Betreuung und Pflege etc.). Diversifizierung ergibt sich aber auch aus der Werteausrichtung der Organisationen. Im kirchlich geprägten karitativen Bereich ist die moralische Komponente augenfälliger als in anderen NPO. Aber auch in säkularen Organisationen spielt die ideelle Ausrichtung eine große Rolle.

Ein entscheidender Aspekt der Non-Profit-Identität ist die Nachrangigkeit wirtschaftlicher Ziele. Monetäre Gewinne können eventuell zweckgebunden reinvestiert, aber nicht ausgeschüttet werden. Das gilt für den gesamten öffentlichen Bereich.

Entscheidend ist auch die ideelle und normative Ausrichtung. Hier zeigt sich ein breites Spektrum sozialer, religiöser, moralischer und kultureller Prinzipien. Wichtige Maximen sind etwa Universelle Rechte, Fairness, Toleranz und soziale Verantwortung.

Doch Engagement in Vereinen bezieht sich auch auf die Felder Freizeit und Sport. Das Vereinsleben kommt dem Wunsch vieler Menschen entgegen, in gemeinschaftsbezogenen Aktivitäten Sinn zu erleben.

Politische Motive spielen in zivilgesellschaftlichen Initiativen eine große Rolle. Doch auch Enttäuschung über das politische System motiviert viele Aktivisten. Unter engagierten Bürgern wächst das Interesse an außerparlamentarischen Wegen der Einflussnahme. Viele Bürger wollen die Dinge selbst in die Hand nehmen. Das Verhältnis von Politik und Wirtschaft war zu lange von der Vorstellung geprägt, der Markt könne seine Regeln selbst hervorbringen. Die schwache institutionelle Einbettung der Märkte erfüllt viele Menschen mit Sorge.

Tatsächlich zeigen die Märkte ein eklatantes Sicherheitsdefizit. Die kapitalistische Wirtschaft ist inhärent instabil und krisenanfällig. Und derzeit ist nicht erkennbar, dass sich der Staat dem wirtschaftlichen Primat ernsthaft entgegenstemmt. Zumal die Politik umso stärker auf die Belange der Wirtschaft Rücksicht nimmt, je knapper die Staatsfinanzen werden. Schließlich ist die Höhe der Steuereinnahmen direkt von der Prosperität der Wirtschaft abhängig. So bilden vor allem zivilgesellschaftliche Akteure sowie Verbände und Vereine, in denen weder Staat noch Wirtschaft die Spielregeln bestimmen, das stärkste Gegengewicht zur Logik der Kapitalakkumulation.

Die Zukunftsfähigkeit von NPO stützt sich also auf spezifische Funktionszusammenhänge und Zwecke sowie identitätsstiftende Werte, die das Besondere ihrer jeweiligen Mission ausmachen. Dem obersten Zweck sind Unterzwecke zugeordnet, für deren Erreichung in klassischen Aufbaustrukturen jeweils ein Bereich, eine Abteilung oder ein Team zuständig ist. Im Wesentlichen erbringen die Organisationsmitglieder die Organisationsleistung, und sie gestalten auch die NPO als soziales Gebilde. Die Akteure – ihre Motive und ihre Beziehungen untereinander – sind für die Zukunftssicherung ebenfalls entscheidend. Zur Akteursperspektive weiter unten mehr.

Als zweckgerichtete soziale Systeme sind Organisationen durch die Komponenten Wissen/Know-how, Ordnung/Struktur und Vertrauen/Beziehung gekennzeichnet (Namokel/Rösner 2010, 48 f.). Fachwissen und fachbezogenes Know-how sowie Managementwissen dienen der Bewältigung alltäglicher Anforderungen. Changemanagementwissen dient darüber hinaus der gezielten Entwicklung. Ordnung und Struktur schaffen Handlungssicherheit. Dazu gehören auch Regeln und Führungsstrukturen. Vertrauen und Beziehungsgestaltung prägen das

Miteinander im Sinne von Wir-Gefühl, Loyalität und Zugehörigkeit. Da alle drei Komponenten für den Prozess des Überlebens und der Selbstorganisation von zentraler Bedeutung sind, müssen sie fließend entwickelt und in Balance gehalten werden – und zwar nach Maßgabe der zentralen Zwecke und Werte der Organisation.

Das breite Spektrum der Non-Profit-Zwecke korrespondiert mit speziellen Beschäftigungsstrukturen (angestellte und beamtete oder ehrenamtliche und hauptamtliche Mitarbeiter) und Rechtsformen (öffentliche Verwaltung, gemeinnützige Vereine, Stiftungen usw.). Auch sie sind eine wesentliche Stütze der Non-Profit-Identität. NPO kennen Betreiber und Träger mit unterschiedlichen Kontroll- und Entscheidungsbefugnissen, aber keine Eigentümer. Und NPO dürfen keine Gewinne ausschütten.

Öffentliche Organisationen »gehören« den Bürgern. Sie werden idealtypisch vom politischen Willen sowie durch (Verwaltungs-)Regeln gesteuert und überwiegend durch öffentliche Mittel finanziert.

In Organisationen des Dritten Sektors fehlen ebenfalls formale Eigentümerrechte. Die Genossenschaften bilden da eine Ausnahme. In Vereinsstrukturen erfolgt die Umsetzung von Entscheidungen weniger über Anordnungen als durch Übernahme von Verantwortung auf unterschiedlichem Niveau. Ehrenamtliches Engagement ist hier eine ganz spezifische Ressource.

Dritter-Sektor-Organisationen werden vornehmlich von ihrer Mission, also von Überzeugungen und Aufgaben angetrieben. Die Koordination zwischen Haupt- und Ehrenamt verlangt entsprechende Aufmerksamkeit. Häufig prägen solidarische Prinzipien die Entscheidungsstrukturen. Selbststeuerung ist verbreitet, denn Vereine, Vereinigungen und Genossenschaften werden von Mitgliedern bzw. deren gewählten Organen kontrolliert. Sie finanzieren sich in beträchtlichen Teilen aus Beiträgen und Spenden.

Die Vitalität von NPO basiert weit mehr auf dem Potenzial der beteiligten Menschen als auf Kapital-Einsatz. Die Aufgabenfelder (z. B. soziale und humanitäre Dienste, Gesundheitswesen, Bildung und Erziehung etc.) sind in der Regel eher arbeitsintensiv und weniger kapitalintensiv.

Anders als Organisationen des öffentlichen Sektors (Behörden und Verwaltungseinheiten), die oft eine starke Verregelung aufweisen, sind Vereine und Verbände weniger formal programmiert oder technokratisch verwaltet. Informelle Koordination und die Identifikation mit der Organisationskultur spielen hier eine größere Rolle. Besonders im Aufbau begriffene Organisationen im Dritten Sektor schöpfen stark aus der Ressource des Freiwilligeneinsatzes. Menschen, die eine ehrenamtliche Funktion übernehmen, wollen auch nach ihrem Engagement bewertet werden und nicht in erster Line nach formalen, sachlichen Kriterien. Für hauptamtliche Mitarbeiter gelten eher sach- und tätigkeitsbezogene Bewertungskriterien. Aber auch von ihnen erwartet man, dass sie sich persönlich einbringen. Zum Teil ersetzen im Dritten Sektor informelle Erwartungen und moralische Bindungen formale (Arbeits-)Verträge. Doch die Bindung der Mitarbeiter an die Organisation ist keineswegs weniger fest.

Das Verhältnis zwischen Person und Organisation ist im Dritten Sektor also weniger hierarchisch und formalisiert als im öffentlichen oder im Profit-Bereich. Selbstverständlich werden aber auch hier Verhaltensmöglichkeiten durch Entscheidungsprämissen und Vorgaben eingeschränkt und die Einhaltung von Erwartungen sanktioniert. Aber basisnahe Organisationen verwenden mehr Zeit auf Konsensentscheidungen und bemühen sich häufiger um eine gerechte, quasi demokratische Repräsentation. Das Verhältnis zwischen Person und Organisation ist hier insgesamt flexibler und kreativer. Abläufe werden häufiger auf Zuruf angepasst. Man findet vielfach fließende Übergänge zwischen persönlichen und organisatorischen Beziehungen. Dabei kristallisieren sich dann bewährte Praktiken und Kooperationsmuster heraus. Die im dritten Sektor tätigen Personen erscheinen so weniger als Adressaten vorgegebener Entscheidungen und Handlungsanweisungen, sondern eher als Akteure, die Entscheidungen treffen und selbst Erwartungen formulieren. Als Akteure gestalten sie die eigene Tätigkeit und bis zu einem gewissen Grad auch die Organisation und deren Verfasstheit. Im Konzept der Mitgliedschaft ist dieser Spielraum sogar explizit geregelt:

Personen akzeptieren durch ihre Mitgliedschaftsentscheidung die Ziele (und im Falle eines Vereins die Satzung) der Organisation. Als Mitglieder treffen sie ihrerseits Entscheidungen, die in die Reproduktion der Organisation eingehen.

In allen Organisationen gibt es mehr oder weniger große Spielräume. Erst diese Entscheidungs- und Gestaltungsräume erlauben Innovation und Kreativität. Je nach Koordinationsform sind diese Spielräume in stark hierarchischen oder normativ (durch Vorschriften und Verfahrensregeln) gesteuerten Organisationen eher eng, in Organisationen mit symmetrischer Koordination (solidarisch und konsensorientiert) eher weiter.

Wir sehen den Non-Profit-Sektor in Kontexte eingebunden, in denen sowohl die Subjektivierung von Arbeit (Selbstverantwortung, Selbstorganisation, Selbstkontrolle) als auch die Pluralisierung und Hybridisierung von Organisationen voranschreitet. Um den besonderen Entwicklungsanforderungen des Non-Profit-Bereichs unter den Bedingungen zunehmender Komplexität und Beschleunigung gerecht zu werden, haben wir eine aus unserer Sicht passende Analysedimension herangezogen: die Perspektive des historischen Wandels sowie eine Kombination systemischer und handlungsorientierter Konzepte.

Für die Zukunftssicherung von Non-Profit-Organisationen erscheint in erster Linie die Beachtung und Entwicklung der jeweiligen Non-Profit-Identität relevant. Dazu gehören neben vielfältigen Funktionsbezügen spezielle Ressourcen und Aspekte, die wesentlich zur kulturellen und sozialen Wertschöpfung beitragen. Die Bedeutung der Mission oder Aufgabe der Organisation, die spezifische Leistungsproduktion und die Akteursperspektive wurden dazu als besondere Merkmale herausgearbeitet. Die Wirtschaftliche Effizienz ist im Non-Profit-Bereich nur ein Aspekt unter vielen. Wirtschaftlichkeit steht häufig ganz oben auf der Bewertungsskala, obwohl die Zweckausrichtung der betreffenden Organisation andere Kriterien nahe legt. Kostensenkungsprogramme mögen als Maßnahmen zur Krisenintervention verbreitet sein, verfehlen aber häufig die angestrebte Wirkung. Wenn Organisationsentwicklung nachhaltig wirksam und erfolgreich sein soll, muss die Non-Profit-Identität Hauptbezugspunkt der Entwicklung sein.

Im Idealfall gelingt es, die Wechselwirkung von Werten und Haltungen (kulturelles Kapital) mit fachlichen Fähigkeiten und Fertigkeiten (Humankapital) und gemeinschaftlichem Handeln (soziales Kapital) in eine gute Koordination zu bringen.

Teil II.

Teamentwicklung bei der AOK

Die AOK als gesamte Organisation

Unter dem Begriff *Allgemeine Ortskrankenkasse* bestehen in Deutschland mehrere rechtlich selbstständige Krankenkassen, bei denen rund ein Drittel der Bevölkerung (25 Millionen Menschen) versichert ist.

Körperschaften des öffentlichen Rechts – Sie haben eigene Selbstverwaltungen aus Vertretern von Arbeitgebern und Arbeitnehmern und eigene Vorstände.

Die Ortskrankenkassen wurden im Jahre 1884 im Rahmen der Einführung der gesetzlichen Krankenversicherung durch Reichskanzler Otto von Bismarck gegründet. Anfangs gab es 8.200 von ihnen, denen die Arbeiter zugewiesen wurden, wenn sie nicht anderweitig versichert waren. Ab 1892 konnten auch Angestellte und Heimarbeiter Mitglied werden. Im Laufe der Zeit reduzierte sich die Zahl der Kassen durch Fusionen. Im Zuge der Kreisverwaltungsreform und dann durch das Gesundheitsstrukturgesetz im Jahre 1992 entstand eine Fusionswelle unter den damals noch knapp 300 AOKs zu nunmehr zwölf Organisationen.

Die Leistungen bestehen aus Pflichtleistungen laut SGB und aus Satzungsleistungen, die über die Pflichtleistungen hinausgehen und in der Kassensatzung verankert sind. Die Beiträge sind seit 2009 einheitlich vorgegeben. Die Einnahmen und Ausgaben beliefen sich auf ca. 60 Mrd. Euro im Jahre 2010, und mit 34 Prozent waren Behandlungen im Krankenhaus der größte Posten.

Alle AOKs zusammen werden vom Bundesverband in Form einer Gesellschaft bürgerlichen Rechts vertreten. Der Sitz des Bundesverbandes ging im Jahr 2008 von Bonn nach Berlin. Kernaufgabe ist die Interessenvertretung gegenüber der Bundespolitik, dem GKV-Spitzenverband und den AOK-Vertragspartnern. Hinzu kommen Markenpflege, Entwicklung neuer Produkte und das Finanzmanagement im Haftungsverbund. In Kooperation mit SAP entwickelt die AOK Systems GmbH eine Branchensoftware, die sie auch an Ersatzkassen vermarktet.

Die betrachtete Teilorganisation

Eine Bezirksdirektion (BD) einer Landes-AOK, zuständig für einen bestimmten Ballungsraum mit einer Großstadt als Zentrum, ist der organisatorische Rahmen, in dem sich dieser Fall abspielt. Diese AOK-Bezirksdirektion ist eine von über 30 BDs innerhalb eines Bundeslandes und bedient über 200.000 Versicherte.

Die AOK insgesamt ist Teil des Sozialversicherungssystems in Deutschland. Sie hat den gesetzlichen Auftrag der Krankenversicherung, ist aber – anders als beispielsweise die Berufsgenossenschaften – dem Wettbewerb mit anderen Anbietern von Versicherungen ausgesetzt. Neben den Aufgaben des gesetzlichen Krankenversicherers ist die AOK in vielfältiger Weise Partner der am Gesundheitssystem beteiligten Organisationen und Unternehmen, wie z. B. die Kassenärztliche Vereinigung (KV), Interessensvertretungen von Pharmaindustrie und Apothekern.

Die AOK ist nach wie vor eine Körperschaft des öffentlichen Rechts, bewegt sich aber am Markt der Krankenversicherer eher wie ein Profitunternehmen in der Versicherungsbranche. Abgeleitet aus der langfristigen Strategie, befindet sich die Organisation auf dem Weg zu einem »modernen Dienstleistungsunternehmen«, ist aber abhängig von politischen Entscheidungen im Gesundheitswesen, die oft direkte Auswirkung auf die Arbeitsprozesse und das Arbeitsaufkommen haben. Über diese Veränderungen und die damit verbundenen Eingriffe kann nicht, wie in einem Profitunternehmen, frei entschieden werden. Um dies zu veranschaulichen, sei hier das Beispiel der geringfügigen Beschäftigung genannt. Menschen, die einen sogenannten 400-Euro-Job hatten, wurden durch eine gesetzliche Regelung krankenversicherungspflichtig. Die Lawine an Mehrarbeit für die AOK, die diese Veränderung bewirkte, hatte der Gesetzgeber nicht bedacht. Andererseits wurde Druck seitens des Gesetzgebers in Richtung der Senkung der Verwaltungskosten ausgeübt. Es entstand eine Konfliktsituation, die nicht in die langfristige Strategie passte und anders als in einem Profitunternehmen nicht durch eine Managemententscheidung lösbar war. Hier wird sehr deutlich, wie das Dienstleistungsspektrum der Organisation und die dahinter liegenden Arbeitsprozesse von außen vorgegeben werden und nicht durch unternehmerisches Handeln und daraus resultierende Managemententscheidungen bestimmt sind. Die AOKs sind, wie bereits erläutert, eine typische Hybridorganisation.

Um das Projekt Teamentwicklung richtig einordnen zu können, ist ein Blick in die Historie der Organisation nützlich. Bevor die Wahlfreiheit der Versicherten eingeführt wurde, hatte die AOK keinen Wettbewerb zu scheuen. Die Arbeitsplätze waren sicher, die persönliche Entwicklung der Mitarbeiter klar vorgezeichnet, sowohl von der Position als auch von der Bezahlung. Gesetze und Vorschriften regelten den Arbeitsalltag. In aller Regel mussten keine Entscheidungen getroffen werden, denn es gab kaum Handlungsalternativen. Es wurde bearbeitet, geprüft, genehmigt und verwaltet. Überspitzt gesagt wurde Arbeit und Anwesenheit, nicht aber Leistung und Übernahme von Verantwortung gefordert. Die Identität der Organisation war fest gegründet auf den gesetzlichen Auftrag und die Verankerung im Staatswesen. Die Menschen die sich für diese Organisation als Arbeitgeber entschieden hatten, waren geprägt von Wertvorstellungen, die hier geschätzt und anerkannt wurden. Deutsche Tugenden wie Ordnung, Pünktlichkeit, Genauigkeit, Zuverlässigkeit und Disziplin standen hoch im Kurs, denn schließlich ging man ja mit dem Geld anderer Leute um.

Diese Situation begann sich mit Beginn der 80er-Jahre allmählich zu verändern. Aus der Krankenkasse wurde die »Gesundheitskasse«, IT-Anwendungen gewannen immer mehr an Bedeutung, der Beamtenstatus für neu hinzugekommene Mitarbeiter wurde abgeschafft und die Wahlfreiheit zur Krankenversicherung bescherte Konkurrenz durch Betriebs- und Innungskrankenkassen. Die Auswirkungen der demografischen Entwicklung in Verbindung mit hoher Arbeitslosigkeit wurden in Form von steigenden Beitragssätzen spürbar. Zu diesen von außen einwirkenden Veränderungen kam die Notwendigkeit ökonomischen Handelns hinzu und bescherte den Mitarbeitern und Führungskräften eine Veränderungsdynamik von bisher unbekanntem Ausmaß.

Ausgangslage und Hintergrundinformationen

Die Führungskräfte hatten nur teilweise die veränderten Anforderungen an ihre Aufgabe umgesetzt. Ehemalige autonome Geschäftsführer wurden zu weisungsabhängigen Managern, auch wenn der Name Geschäftsführer blieb. Einige begriffen die Veränderungen als Chance, andere verlangsamten den Veränderungsprozess so stark wie möglich, oft im Hinblick auf die in einigen Jahren bevorstehende Pensionierung. Im Unterschied zu Profitorganisationen wurden diese Verhaltensweisen toleriert. Es war undenkbar, sich von einem Mitarbeiter zu trennen, der 40 Jahre der AOK gedient hatte, auch wenn er aktuell nicht mehr den Anforderungen gerecht wurde. Das konservative und autoritäre Verständnis von Führung verhinderte bis in die 90er-Jahre auch den Aufstieg von Frauen in die oberste Führungsebene. Dieser Umstand war besonders interessant, weil über 70 Prozent der Mitarbeitenden dieser AOK Frauen waren.

Auf den unteren Führungsebenen wurden, auch begünstigt durch den Ausbau des Geschäftsstellennetzes, viele sehr junge Mitarbeiterinnen zu Führungskräften gemacht. Durchweg engagierte und gut ausgebildete Spezialistinnen, die sich eher als Obersachbearbeiterinnen, aber nicht als Führungskräfte verstanden.

Im hier beschriebenen Fall vollzog sich aus Altersgründen ein Führungswechsel an der Spitze der Bezirksdirektion. Der Vorgänger, der über viele Jahre versucht hatte, in seiner BD die Zeit anzuhalten, wurde abgelöst durch einen dynamischen, an anderer Stelle bereits erfolgreichen Mann, der nun endlich in dem »Laden« aufräumen sollte.

Ein wesentlicher Grund für das Projekt war die extreme Belastung der Mitarbeiter durch Mehrarbeit. Bei einer Analyse hatte sich herausgestellt, dass sich über 200 Mannjahre an Arbeitsrückständen aufgestaut hatten. Ein für die Mitarbeiter unüberschaubarer Berg. Trotz Samstags- und Sonntagsarbeit war kein Ende der Belastungssituation abzusehen. Mangels Perspektive hin zum Besseren zogen viele Mitarbeiter und Mitarbeiterinnen Konsequenzen von überwiegend defensiver Natur. Es gehörte zur Kultur der Organisation, sich nicht offiziell zu beklagen oder gar aufzulehnen. Anders als in der freien Wirtschaft gehen die Mitarbeiter davon aus, der Organisation ein Leben lang zu dienen ohne aufzumucken. Überdurchschnittlich hoher Krankenstand, eine Häufung von Schwangerschaften bei jungen Frauen und abnehmende Bereitschaft zur gegenseitigen Unterstützung waren konkret zu beobachten. Dadurch verschärfte sich die ohnehin kritische Situation für die verbleibenden Mitarbeiter. Der Arbeitsmarkt gab keine qualifizierten Mitarbeiter her, denn die AOK ist der einzige Krankenversicherer, der über Bedarf ausbildet. Umgekehrt bedienen sich die Mitbewerber aus dem Reservoir der AOK-Mitarbeiter, wenn sie qualifizierte Arbeitskräfte benötigen. Viele unbesetzte Stellen blieben offen oder konnten nur mit ungelernten, neuen Mitarbeitern besetzt werden, die in der Anlernphase mehr Belastung denn Entlastung bedeuteten.

In dieser extrem schwierigen Lage waren viele junge Teamleiterinnen und Teamleiter mit ihrer Führungsaufgabe überfordert. Zum einen identifizierten sich viele Teamleiterinnen mehr mit den Problemen der Mitarbeiter als mit denen der Organisation. Ein Phänomen, das bei Vorgesetzten, die aus dem Kreis der eigenen Kollegen hervorgehen, häufig auftritt. Zum anderen fehlte der Mut zu deutlicher Führung in Form von Leistungsanforderungen gegenüber den Mitarbeitern, aber auch gegenüber den Vorgesetzten. Hier wird die Historie des Unternehmens spürbar, die sich aus der Idee des Solidarprinzips speist und den Wert Gleichheit favorisiert gegenüber dem Wert Gerechtigkeit.

Noch erschwerend kam hinzu, dass durch eine Veränderung der Geschäftsstellenstruktur einige Teams neu zusammengesetzt waren und die typischen Probleme der Teambildung auftraten. Dies bedeutete eine zusätzliche Herausforderung für die Leitung, denn es war bisher nicht üblich, Mitarbeiter an den Platz zu stellen, an dem sie gebraucht werden. Das Recht der Organisation, einen beamteten Mitarbeiter dorthin zu versetzen, wo er oder sie gebraucht wird, wurde geleugnet. Weil von diesem Recht in der Vergangenheit kein Gebrauch gemacht wurde, durfte es auch jetzt in dieser Situation nicht angewendet werden, dachten die Mitarbeiter – ein Phänomen, das in Organisationen mit beamteten Mitarbeitern immer wieder auftritt. Die Privilegien des Beamtenstatus werden wie selbstverständlich in Anspruch genommen. Die Pflichten dagegen werden als nicht mehr zeitgemäß infrage gestellt oder gar zurückgewiesen. Hier wird die Chance vertan, den Beamten wieder zu Ansehen zu verhelfen, weil sie mit ihrer Pflichterfüllung die Kontinuität des Staatswesens sicherstellen.

Aus der Sicht des neuen Geschäftsführers gemeinsam mit der Stabsabteilung Organisationsentwicklung war das eigentliche Problem die Führungsschwäche der Teamleiter, die nicht dazu in der Lage waren, die Arbeit zu organisieren und Leistung einzufordern. Die anderen Faktoren wurden zwar gesehen, aber nicht als sonderlich bedeutend bewertet.

Rolle der Berater

Bei der Betrachtung der Organisation zeigte sich deutlich, dass die Verantwortlichen das Hauptproblem in der Überforderung der unteren Führungskräfte, also der Teamleiter und der Geschäftsstellenleiter, sahen. Als Verursacher und Schuldigen für den schwierigen Zustand der gesamten Bezirksdirektion wurde der alte Geschäftsführer betrachtet, der jetzt im Ruhestand war.

Die externen Berater konnten dieser Einschätzung zustimmen, denn sie kannten die Organisation als Trainer und Berater seit vielen Jahren.

Die Hinweise auf den größeren Zusammenhang, wie bereits hier beschrieben, wurden zur Kenntnis genommen, aber dann beiseite geschoben. Die Verantwortlichen waren im System gefangen und fühlten sich außerstande, daran etwas zu verändern. Hätten sie sich die Einschätzung der Berater zu eigen gemacht und an höherer Stelle thematisiert, wäre das als Mangel an Loyalität zur Organisation gewertet worden. Außerdem wurden schnelle Ergebnisse erwartet, denn der neue Geschäftsführer wollte und musste zeigen, dass sich etwas tut.

Den Beratern war bewusst, dass sie mit diesem Projekt nicht das generelle Problem dieser Organisation bearbeiten konnten. Aber sie hatten großen Gestaltungsspielraum bei der Planung und Konzeption des Projektes und versuchten, das in dieser Situation Mögliche für diese Organisation zu gestalten. Aus systemischer Sicht und aus der Erfahrung mit ähnlichen Situationen war den Beratern klar, dass kleine Anstöße in die richtige Richtung große Veränderungen in Gang setzen können. Dazu ist es allerdings erforderlich, die Reaktionen des Systems und seiner Mitarbeiter, die in die angestrebte Richtung gehen, positiv zu verstärken mit Wertschätzung und Anerkennung.

Eine Intervention der Berater beim Vorstand der AOK wäre vermutlich als Mangel an Loyalität gewertet worden und hätte zur Disqualifikation geführt, ähnlich wie bei den Führungskräften. Die Darstellung der ursächlichen Probleme hätte einige andere Maßnahmen der Organisationsentwicklung infrage gestellt. Mit der Kultur der AOK zu gehen hätte es erforderlich gemacht, sich auf den Status einer NPO zu besinnen und nicht weiter so zu tun, als wäre man eine wettbewerbsfähige Profitorganisation.

Zusammenfassend gesagt, wurde das Projekt »Teamentwicklung« direkt durch den Führungswechsel und die hohe Arbeitsbelastung in den Teams ausgelöst. Indirekter Auslöser war der typische Konflikt einer NPO, die dem Wettbewerb ausgesetzt ist und mit klassischen Mitteln der Profitorganisationen darauf reagiert. Zusätzlicher heimlicher Auftrag an die Berater war der Wunsch nach Profilierung der Leitung und der Abbau von Widerstand gegen Veränderungen. Aus Sicht der

Berater konnte dieses Projekt dazu beitragen, das aktuelle Problem zu minimieren und hatte keine negativen Seiteneffekte, weil es weder mit noch gegen die Kultur arbeitete.

Das Konzept

Nach klärenden Vorgesprächen, die alle beschriebenen Informationen zutage förderten, haben die Berater den Auftrag angenommen und das nachfolgend beschriebene Konzept (Originaltext) zur Teamentwicklung präsentiert. In die konzeptionellen Überlegungen wurden die an der Durchführung beteiligten Berater miteinbezogen. Insgesamt fünf Berater führten die Moderation der Workshops durch. Die geplante Laufzeit des Projektes betrug sechs Monate.

Ziele: Mit den nachfolgend beschriebenen Maßnahmen wird angestrebt, die Führung und Zusammenarbeit in den Geschäftsstellen zu verbessern. Mitarbeiter und Führungskräfte sollen die Einsicht gewinnen, dass die Organisation sich auf einem guten Weg befindet. Aus dieser Einsicht wiederum soll mehr Motivation zur Bewältigung der anstehenden Aufgaben entstehen.

Um diese Ziele zu erreichen, ist ein Bündel von Maßnahmen erforderlich. Diese Maßnahmen für die verschiedenen Zielgruppen und die notwendigen organisatorischen Rahmenbedingungen sind nachfolgend beschrieben.

Auftakt-Workshop: An dieser eintägigen Veranstaltung, voraussichtlich von Freitagmittag bis Samstagmittag, sind alle Führungskräfte der BD und alle involvierten Berater beteiligt. Termin und Veranstaltungsort werden noch festgelegt.

Die Arbeitsthemen in diesem Workshop sind:
- Ziele der Geschäftsführung
- Reflexion der Probleme und Defizite

- Reflexion der vorhandenen Ressourcen
- Klärung der gegenseitigen Erwartungen bei den Führungskräften, den Geschäftsstellen- und Teamleitern, den Mitarbeitern
- Präsentation des Gesamtkonzeptes Teamentwicklung
- Abwägung der Chancen und Risiken des Gesamtkonzeptes
- Festlegung der Maßnahmen
- Klärung der Organisation

Team-Workshops: Für alle Teams findet obligatorisch ein Teamworkshop statt, bei dem in allen Teams die gleichen Themen bearbeitet werden. Die zu bearbeitenden Themen werden zum Teil in diesem Auftaktworkshop entwickelt und bestimmt. Darüber hinaus ist absehbar, dass die folgenden Punkte bearbeitet werden müssen:
- Ziele des Teams
- Offene und verdeckte Regeln des Teams
- Klärung der informellen Rollen im Team
- Entwicklung der Feedbackkultur
- Ressourcen und Defizite des Teams
- Notwendige Maßnahmen zur Nutzung der Ressourcen und zum Abbau der Defizite
- Abschließende Teamvereinbarung darüber, was der Einzelne, das Team selbst und was Dritte für das Team tun müssen.

Teamentwicklung optional: Es ist davon auszugehen, dass nicht alle Teams den gleichen Entwicklungsstand und damit auch den gleichen Unterstützungsbedarf haben. Je nach Bedarf der einzelnen Teams werden eine oder auch mehrere Entwicklungsmaßnahmen für das ganze Team (oder für Teilteams mit oder auch ohne Leiter) durchgeführt. Fallweise kann Mediation zur Bearbeitung von Konflikten notwendig sein.

Einzelcoaching: Im anstehenden Entwicklungsprozess mit seinen Veränderungen sind die Geschäftsstellen- und Teamleiter in einer besonders schwierigen Situation. Sie bekommen sowohl von den Mitarbeitern als auch von oben Druck. Um mit diesen Schwierigkeiten angemessen umgehen zu können, haben alle diese Führungskräfte die Möglichkeit,

Einzelcoaching in Anspruch zu nehmen. In Einzelfällen kann auch Coaching für den einen oder anderen Mitarbeiter sinnvoll sein.

Organisation: Das Projekt soll im Juli beginnen und im Dezember des gleichen Jahres weitgehend abgeschlossen sein.

Zur Koordination des Gesamtprozesses ist ein Lenkungsausschuss erforderlich, bestehend aus dem Geschäftsführer, dem Leiter der Stabsstelle Personalentwicklung, dem Projektleiter des Beratungsunternehmens und dem internen Projektleiter. Dieses Lenkungsteam ist Anlaufstelle, wenn Unregelmäßigkeiten im Projekt auftreten, wenn Widerstand von einzelnen Personen geleistet wird und wenn Entscheidungen getroffen werden müssen, die sich aus dem Prozess heraus ergeben. Alle Teams stellen dem Lenkungsausschuss die erzielten Ergebnisse vor.

Für die Koordination der vielfältigen Maßnahmen ist ein interner Projektleiter erforderlich, der die Termine, Zeiten, Räume, Arbeitsmaterialien und Teilnehmer koordiniert. Weitere Aufgabe ist die Sicherstellung der Projektkommunikation und die Dokumentation alle Workshops und Maßnahmen. Die Dokumentation, die an dieser zentralen Stelle gesammelt wird, soll für alle Mitarbeiter und Führungskräfte einsehbar sein, auch für jene, die nicht in das Projekt Teamentwicklung einbezogen sind. Die Dokumentation der Teamworkshops erfolgt per Fotoprotokoll im A4-Format. Außerdem werden alle Ergebnischarts als Original für den Informationsmarkt aufbewahrt.

Abschlussworkshop: Wenn das Projekt im hier definierten Rahmen abgeschlossen ist, findet ein Abschlussworkshop statt, mit Reflexion aller erzielten Ergebnisse. Als Veranstaltungsform bietet sich ein Informationsmarkt an, an dem die beteiligten Mitarbeiter, aber auch Gäste aus anderen Bereichen des Unternehmens, aktiv teilhaben können.

Der mit diesem Projekt angestoßene Prozess findet nur einen formalen Abschluss, geht aber in der Organisation weiter. Deshalb ist es über die Bilanz der Ergebnisse hinaus erforderlich, eine Perspektive aufzuzeigen und die positive Energie des Erfolges konstruktiv zu nutzen.

Wir unterstellen den Erfolg des Projektes im Sinne der Zielsetzung und empfehlen, bei diesem Abschlussworkshop den gemeinsamen Erfolg zu feiern. Feiern heißt nach unserem Verständnis gemeinsam Essen und Trinken und etwas tun, woran die Mitarbeiter Freude haben. Auf Wunsch sind wir gern bereit, auch diesen Teil zu gestalten.

Kosten: Neben den intern anfallenden Kosten, verursacht durch Ausfall von Arbeitszeit und benötigte Materialien, Räume und Verpflegung der Teilnehmer sowie Projektleitung, fallen Kosten für externe Beratung an.

Für die Teammaßnahmen schätzen wir den Aufwand auf durchschnittlich zwei Tage pro Team. Bei den Einzelmaßnahmen gehen wir davon aus, dass die Geschäftsstellenleiter und Teamleiter im Schnitt je zwei Einzelberatungen à zwei Stunden in Anspruch nehmen werden. Bei insgesamt 21 Teams und fünf Geschäftsstellen mit je einem Leiter beläuft sich der Aufwand für externe Beratung auf ca. 40 Moderationstage für die Teams und 100 Beratungsstunden für das Einzelcoaching.

Hinzu kommt der Aufwand für den Auftakt- und den Abschlussworkshop mit je einem Beratertag für die Vorbereitung und je fünf Beratertagen für die Durchführung. Daraus ergibt sich ein Aufwand von zwölf Beratertagen.

Für das externe Projektmanagement veranschlagen wir einen Beratertag pro Monat, woraus sich ein Aufwand von sechs Beratertagen ergibt.

Aus dieser Kostenschätzung ergibt sich ein Gesamtaufwand für die Teamentwicklungsmaßnahme von ca. 60 Beratertagen und zusätzlich 100 Beraterstunden für das Coaching der Führungskräfte. Hinzu kommen die Reisekosten und die gesetzliche Mehrwertsteuer.

Mit monatlicher Abrechnung stellen wir den tatsächlich angefallen Arbeitsaufwand gemäß der bestehenden Honorarvereinbarung in Rechnung.

»Je genauer ich plane, umso härter trifft mich der Zufall.« Diese alte Erfahrung aller Organisationsentwickler bewahrheitete sich auch bei diesem Projekt.

Der hier beschriebene Vorschlag wurde bereits vor Projektstart geringfügig modifiziert. Aus Kapazitäts- und Kostengründen wurde der Aufwand für die Teams reduziert und der Auftaktworkshop wurde zeitlich etwas gekürzt. Diese Veränderungen waren unproblematisch, denn der Aufwand sollte sich am tatsächlichen Bedarf orientieren.

Der tatsächliche Prozess

Im konkreten Verlauf des Projektes nahm nur ein Teil der Teams die Möglichkeit weiterer Teamworkshops in Anspruch. In informellen Gesprächen äußerten einige Teamleiter die Befürchtung, als schwach angesehen zu werden, wenn sie weitere Unterstützung in Anspruch nehmen. In den Teams mit den wenigsten Problemen wurde am ehesten von den weitergehenden Angeboten Gebrauch gemacht.

Konfliktmediation wurde in einem einzigen Fall eingefordert. Die Teamleiter einer Geschäftsstelle waren mit dem Führungsstil der Geschäftsstellenleiterin nicht einverstanden. Ein Teamleiter, der bereits wusste, er werde das Unternehmen verlassen, hatte den Mut, das Führungsproblem zu thematisieren. Aus seiner speziellen Situation heraus hatte er keine Sanktionen zu befürchten. Probleme dieser Art passten nicht in die alte Vorstellungswelt und damit auch nicht in das Wertesystem der Betroffenen. Nur durch die Intervention der Berater direkt bei der Geschäftsleitung wurde es möglich, einen Workshop mit den Betroffenen durchzuführen. In dieser Veranstaltung mit externer Moderation konnten die Erwartungen der Beteiligten aneinander geklärt, die Kommunikationsbedürfnisse offengelegt und Feedbackkultur etabliert werden. Den Abschluss bildete ein im Konsens erzielter Maßnahmenkatalog mit festgeschriebenen Vereinbarungen. Die Kontrolle über die Einhaltung der Maßnahmen erfolgte durch die interne Projektleitung mit Unterstützung des Geschäftsführers.

Obwohl keine weiteren Mediationen stattfanden, hatte dieser Fall Breitenwirkung. Ein zentrales Problem war die Beschönigung der Probleme. Die Teamleiter luden sich immer mehr Arbeit selbst auf, um die eigenen Mitarbeiter zu entlasten. Sie wollten sich selbst und anderen gegenüber nicht eingestehen, dass sie das Problem der Arbeitsüberlastung nicht aus eigener Kraft heraus lösen konnten. Wenn sie einen vorsichtigen Vorstoß bei der Geschäftsstellenleiterin machten und Unterstützung einforderten, wurde abgewiegelt und unbewusster Druck ausgeübt: »Das schaffen Sie schon, Ihre Kolleginnen kommen doch auch klar. Bei mir hat sich sonst noch niemand beklagt.« Die Geschäftsstellenleiterin wiederum kommunizierte die ihr durchaus bekannten Probleme nicht nach oben. Gegenüber den anderen Geschäftsstellenleitern wurde so getan, als wäre alles in Ordnung. »Wir kommen klar, das Gejammer einiger Weniger hat nichts zu bedeuten. Die gemütlichen Zeiten sind eben endgültig vorbei.« Die übergeordneten Führungsebenen erfuhren nur auf informellem Weg von den Problemen und waren froh, dass niemand den Aufstand probte.

Dennoch hatte dieser einzelne Workshop Wirkung. Das Problem war nun offiziell auf dem Tisch und konnte nicht mehr geleugnet werden. Es wurde von oberster Stelle anerkannt und durfte nun thematisiert werden. Die systemimmanente Norm »Man hat keine Probleme« und ihre Dysfunktion wurden transparent und damit veränderbar. Eine zweite Norm »Wer sich beschwert, ist dem System gegenüber nicht loyal« war nicht zu eliminieren. Nicht dem Teamleiter, der den Stein ins Rollen brachte, wurde der Mangel an Loyalität angelastet, sondern der betroffenen Geschäftsstellenleiterin. »Sie hat ein Problem, offenkundig werden lassen, dass auf eine Schwäche das Gesamtsystems AOK aufmerksam macht und hat damit das System nachhaltig geschädigt«. Als die externen Berater auf dieses Phänomen aufmerksam machten, bestand die Gefahr, ebenfalls als nicht loyal angesehen zu werden. Es wurde befürchtet, die Berater könnten sich mit den »Bösen« und nicht mit den »Guten« solidarisieren. Konsequenz für die betroffene Geschäftsstellenleiterin war ein absehbarer Karrierestopp. Sie hat das Problem für sich auf eine im System legitime Weise gelöst und ist schwanger geworden. Hier kam ihr eine andere Norm zugute: »Wir sind ein frauenfreundliches Unternehmen«.

Für die obligatorischen Teamworkshops für alle Teams gab es eine fixe Dramaturgie als Orientierungsrahmen. Wie von vornherein abzusehen, verlief jeder Workshop anders. Gründe dafür waren die unterschiedlichen Aufgaben der Teams, der sehr unterschiedliche Führungsstil der Team- und Geschäftsstellenleiter, die personelle Ausstattung und der Zeitpunkt, zu dem der Workshop stattfand. In einem Feedback an den Geschäftsführer wurden nach etwa einem Drittel der stattgefundenen Workshops einige immer wieder benannte Probleme formuliert:

1. Bei einer Vielzahl von Mitarbeitern gibt es ein Stimmungstief. Die Arbeit macht keinen Spaß mehr und es gibt keine greifbare Perspektive in Richtung Problemlösung – »Das ist nicht mehr meine AOK.«

2. Die Teams haben untereinander wenig Kontakt, schotten sich ab und es gibt kaum teamübergreifende Unterstützung – »Jeder ist sich selbst der Nächste«

3. Etliche Führungskräfte füllen ihre Aufgabe nicht angemessen aus. Einige führen nach dem Prinzip von Befehl und Gehorsam, andere leugnen ihre Führungsrolle und setzen auf kameradschaftliches Verhalten, wieder andere machen ihre Sache gut und praktizieren einen situativen Führungsstil – »Führen kann man oder man lernt's nie«.

4. Gleiche Aufgaben werden in verschiedenen Teams sehr unterschiedlich ausgeführt. Die Ablauforganisation stimmt trotz eines Wustes von Regeln und Vorschriften nicht überein. Dadurch ist die Einarbeitung und die gegenseitige Unterstützung bei hohem Arbeitsaufkommen schwierig. Neue Technologien werden von manchen Mitarbeitern nicht angenommen, Aufgaben werden weiterhin per Hand erledigt – »Sicher ist sicher, aber was ist heute noch sicher?«

5. Regelmäßige Kommunikation in den Teams findet nicht statt. Wenige Teambesprechungen, keine gemeinsamen Problemlösungen und ein Defizit an Informationen zur Geschäftspolitik und Strategie der AOK. Die Vermutung liegt nahe, dass im mittleren Management Informationen gebunkert, gefiltert und uminterpretiert werden –»Die Leute sollen arbeiten und nicht rumsitzen und quatschen«.

Der Geschäftsführer hat diese Rückmeldungen der Berater sofort aufgegriffen und in seinen Führungskreis eingespeist. Damit verbunden war eine Mitteilung an alle Teams über den weiteren Verlauf des Projektes Teamentwicklung. Wenn alle Workshops abgeschlossen sind, hat jedes Team 45 Minuten Zeit für ein Gespräch mit der Geschäftsführung unter Beteiligung des Geschäftsbereichsleiters und des zuständigen Geschäftsstellenleiters. Diese gut platzierte Zwischenbilanz verhalf dem Projekt zum endgültigen Durchbruch. Für das mittlere Management war nun klar: »Wir sind in der Zange und werden nun von oben und unten gefordert.« Die Hoffnungen, der Anfall des neuen Geschäftsführers werde vorbeigehen und das Projekt möge im Sande verlaufen, waren mit einem Schlag dahin. So nach dem Motto »Jetzt kommt alles raus« entwickelte sich vorauseilender Gehorsam. Alle interessierten sich plötzlich für die bereits vorhandenen Workshop-Ergebnisse und leiteten diverse Maßnahmen ein, um die allseits bekannten, aber bis dahin geleugneten Probleme zu lösen. Die Probleme bekamen dadurch einen anderen Charakter. Manche Teams durften nicht mehr über diese Probleme reden, denn das war jetzt Chefsache. »Bei uns ist eigentlich alles in Ordnung«. Erst der Hinweis auf die anstehende Präsentation beim Geschäftsführer brachte die Arbeit wieder in Schwung. Als klar war, dass Lösungen vom Team und nicht von einer übergeordneten Führungskraft erwartet wurden, war wieder Energie und Selbstverantwortung zu spüren. »Wenn wir diese Gelegenheit nicht nutzen, unseren Kram in Ordnung zu bringen, hilft uns keiner mehr«.

Andere Teams wurden bereits vor dem Workshop auf Initiative ihres Teamleiters hin aktiv und hatten bei Beginn des Workshops eine Problemliste parat, an der dann gearbeitet werden konnte. Dabei galt es der Absicht vorzubeugen, bestimmte Probleme im Vorfeld auszuklammern, die der Teamleiter vermeiden wollte. »Da brauchen wir hier nicht drüber zu reden, damit kommen wir schon klar«.

Wie geplant fanden im Dezember und Januar die Gespräche mit dem Geschäftsführer statt. Niemand hatte so recht daran geglaubt und alle Teams waren sehr positiv überrascht von dem großen Interesse und Verständnis des neuen Mannes. Die anderen beteiligten Führungskräfte spielten teilweise eine unrühmliche Rolle, weil sie diese Präsentationen dazu nutzen wollten, sich selbst zu profilieren. Dank der konsequenten und zielgerichteten Gesprächsführung durch den Geschäftsführer liefen diese Versuche ins Leere.

Die präsentierten Maßnahmenpläne spielten eine zentrale Rolle für den weiteren Verlauf. Die Würdigung der bereits gestarteten und umgesetzten Maßnahmen gab der Mehrzahl der Teammitglieder einen Motivationsschub und trug deutlich zur Überwindung der negativen Stimmung bei. Die Verabschiedung der geplanten Schritte und die zugesagte Unterstützung bedeuteten Herausforderung einerseits, aber auch Anstoß, selbst etwas zu tun und nicht immer nur auf andere zu warten. Besonders die noch sehr jungen Teamleiter und Teamleiterinnen fühlten sich in ihren Bemühungen bestätigt und konnten nach dieser Erfahrung besser die Interessen der AOK vertreten. »Mir ist jetzt klar geworden, dass ich als Vorgesetzter im Arbeitgeberlager stehe und die Ziele des Unternehmens vertreten muss.« Der interne Projektleiter hatte die Aufgabe, die vereinbarten Maßnahmen nachzuhalten und immer wieder zu prüfen, ob, wie und in welchem Umfang eine Umsetzung erfolgte. Nach Sicht der Berater stieß er hier schnell an Grenzen, weil er auf Offenheit und Bereitschaft zur Kommunikation angewiesen war. Dort, wo die Führungskräfte der mittleren Ebene den Prozess vorantrieben, wurde fast alles, was vereinbart war, auch umgesetzt. Es gab aber auch Einzelfälle, wo das Rad so weit wie möglich zurückgedreht wurde, heimlich, still und leise und ohne Konsequenzen oder gar Sanktionen.

Der geplante Abschlussworkshop kam nie über die Planungsphase hinaus. Der Geschäftsführer war mit den Ergebnissen zufrieden und scheute den großen Aufwand eines Informationsmarktes für alle beteiligten Mitarbeiter. Der Veranstaltungstermin verschob sich immer wieder und irgendwann war keine Aktualität mehr da. Neue Probleme, wiederum verursacht durch gesetzliche Veränderungen, dominierten den Alltag. Was blieb, war ein Mehr an Selbstbewusstsein und Eigenverantwortung bei den Mitarbeitern und Führungskräften, bessere Koordination der Arbeitsabläufe und mehr Bereitschaft zu teamübergreifender Unterstützung. Und das Bewusstsein, dass die nächste Veränderung kommt, mit unausweichlicher Konsequenz.

Kritische Würdigung des Projekts

Im Rückblick auf dieses Projekt wird deutlich, dass es sich hier um eine Hybridorganisation handelt, die versucht, mit klassischen Instrumenten der Betriebswirtschaft und marktwirtschaftlichem Denken an der Spitze den anstehenden Veränderungen gerecht zu werden. Nach Einschätzung der Berater ist dem Topmanagement der tiefgreifende Konflikt in seiner Konsequenz und Tragweite nicht bewusst. Die AOK als unterprivilegierte Organisation, im Vergleich zu gewinnorientierten Versicherungsgesellschaften, hat kein Eigenkapital, ist nur Verwalter der Versicherungsbeiträge und hat eingeschränkte Entscheidungsfreiheit. Damit wird sie im Wettbewerb mit anderen Organisationen, wie z. B. Betriebskrankenkassen, immer unterliegen. Entscheidet sich ein Unternehmen für eine eigene Betriebskrankenkasse, spielen unternehmerische Ziele wie Einfluss auf die Gesundheit der Mitarbeiter die entscheidende Rolle und die Kosten sind bei der Betrachtung von nachgeordneter Bedeutung. Bei objektiver Betrachtung sind die

Kosten einer Betriebskrankenkasse höher als die der AOK. Dennoch bietet sie ihren versicherten Mitarbeitern aus strategischen Gründen bei gleichen Leistungen einen niedrigeren Beitragssatz. Eine AOK als Körperschaft des öffentlichen Rechts kann und darf sich so nicht verhalten.

Aus dem verständlichen Streben nach Existenzsicherung heraus lässt sich die AOK auf diesen Wettbewerb ein und widmet den fünf Prozent Verwaltungskosten mehr Aufmerksamkeit als der Rolle und Identität der Organisation im sozialen System. Auch das ist nachvollziehbar, denn »sozial« hat in weiten Kreisen der öffentlichen Meinung heute einen negativen Beigeschmack. Also tun wir so, als wären wir eine Profitorganisation, erheben die Kosten zum Profitersatz und stellen uns dem Wettbewerb. Dann kommt niemand auf die Idee, die Sinnfälligkeit unserer Organisation in Zweifel zu ziehen und die Existenz ist gesichert. Es gibt genügend Beispiele dafür, dass diese Rechnung nicht aufgeht, denn wer will und braucht schon eine Organisation, die ihre Identität einbüßt und im Wettbewerb auch noch unterliegt? Andererseits ist die Frage durchaus berechtigt, ob es außer dem Wettbewerb ein anderes Mittel gibt, eine solche Organisation zu konsequentem, wirtschaftlichem Handeln zu veranlassen.

Nach dieser eher grundsätzlichen Betrachtung der Organisation insgesamt, an dieser Stelle noch einige Anmerkungen zum Projekt Teamentwicklung aus Beratersicht: Die formalen Ergebnisse wurden weitgehend erreicht. Die Arbeitsrückstände konnten auf ein überschaubares Maß zurückgefahren werden und die Arbeitsprozesse vereinheitlichten sich stärker. Damit wurde eine Kooperation der Teams untereinander erleichtert und fand auch tatsächlich statt. Die Besetzung freier Stellen und mehr Auszubildende führten zu einer weiteren Entlastung in den Teams.

Die Führungskräfte der unteren Ebenen, Teamleiter und Geschäftsstellenleiter, gingen gestärkt aus dem Projekt hervor. Sie verstanden sich mehr als Managementteam einer Geschäftsstelle und ermöglichten so die teamübergreifende Unterstützung. Bei der Vereinfachung der Prozesse war intensive Kommunikation über Sinn und Zweck von Regeln angesagt. Hier wurde an den Grundfesten des Wertesystems gerüttelt. Eine Führungskraft und auch ein Mitarbeiter dürfen sich über eine geltende Regel hinwegsetzen, wenn die aktuelle Situation dies erfordert! Das bedeutet Übernahme von Verantwortung und ermöglicht nicht mehr den Rückzug auf die reine Fachkompetenz. Für viele ein großer Sprung, der nicht immer im ersten Anlauf zu schaffen war.

Weitere Regeln und Normen wurden transparent gemacht und dann kritisch gewürdigt. Harmoniebedürfnis verhinderte in vielen Fällen das Bearbeiten von Konflikten. Uralte Geschichten wurden offengelegt und geklärt. In vielen Fällen war eine positive Zukunftsprojektion möglich. Positive Erfahrungen bei der Problembearbeitung machten vielen Mut zu weiteren Klärungsprozessen. Eine weiter anhaltende Tendenz zum Abwarten und Überdecken von Konflikten ist allerdings nach wie vor zu beobachten.

Gleichheit statt Gerechtigkeit ist ein Glaubenssatz, der tief im Solidarprinzip verankert ist und damit zu den Grundwerten der Organisation gehört. Dem wird unter anderem dadurch Rechnung getragen, dass die Bezahlung weitgehend unabhängig von der Leistung ist. Hier gibt es immer wieder Unzufriedenheit bei den Leistungsträgern, die dadurch gemildert wurde, dass in den Teams die Stärken und Schwächen der Teammitglieder offengelegt wurden. Die »Starken« bekommen nun mehr Wertschätzung für ihre Stärke und die »Schwachen« brauchen ihre Schwäche nicht mehr zu verbergen. Diese neue Offenheit brachte für alle eine emotionale Entlastung und eine günstigere Arbeitsverteilung. Eine zusätzliche Erkenntnis vieler Führungskräfte waren die Vorteile eines transparenten Bezahlungssystems nach BAT oder DO. Vielen, die nach leistungsbezogener Bezahlung riefen, wurde deutlich, welch hohe Anforderung an die Führungskräfte eine gerechte Beurteilung und Entgeltfindung bedeutet.

Loyalität als Wert fand bei der Betrachtung des Falles bereits Erwähnung. Insbesondere die Loyalität zur Organisation AOK ist hier gemeint. Menschen, die sich für einen Arbeitgeber auf Lebenszeit entscheiden, sind bereit, vieles zu ertragen und gehen für die AOK durch Dick und Dünn. Sie sind solidarisch und zeigen das auch äußerlich, z. B. durch eine Anstecknadel am Revers oder einen Aufkleber auf Aktenkoffer oder Auto. Auf den ersten Blick sind dies nur Äußerlichkeiten, die aber die Identifikation mit der AOK deutlich machen. Wer »aufmuckt«, Kritik am System übt oder sich in der Öffentlichkeit nicht schützend vor seine AOK stellt, ist illoyal und verletzt Normen. Im Teamentwicklungsprozess spielte dieser Wert zur Steigerung des Selbstwertgefühls eine wichtige Rolle. »Wenn wir zusammenhalten, können wir die Probleme lösen. Wir sind gut und können mehr als andere. Wir haben eine Sonderstellung im Markt und brauchen uns nicht zu verstecken«.

Insgesamt nahm die Arbeit mit den Werten und Normen der Organisation und denen der einzelnen Teams einen großen Raum ein. Einerseits verstärkte sich die Bindung an das System, andererseits wurden Defizite eines Systems spürbar, das aus dem Solidaritätsprinzip entstanden ist und sich heute dem Wettbewerb stellt.

Um den Mitarbeitern und ihrer Organisation gerecht zu werden, haben die Berater auf einige Arbeitsprinzipien besonderen Wert gelegt. Mit dem Einsatz der Moderationsmethode in allen Workshops und auch bei der Auftaktveranstaltung wurde versucht, aus Betroffenen Beteiligte zu machen. Das Prinzip der Visualisierung diente einerseits der Dokumentation, aber auch der Steuerung des Kommunikationsprozesses. Vielredner wurden gestoppt und Schweigende zu Beiträgen motiviert. Erlebnisorientierte Arbeitsformen brachten die Teams nicht nur körperlich, sondern auch geistig und emotional in Bewegung.

Vertraulichkeit über die teaminternen Prozesse und Offenheit über die Arbeitsergebnisse waren ein weiteres Arbeitsprinzip. Die Berater, aber auch die Teammitglieder, achteten stets darauf, keine Vertraulichkeitsverletzungen zu begehen. Einzelne Verletzungen dieser Vereinbarung durch Vorgesetzte erschwerten die weitere Arbeit sehr. Um dem Informationsbedarf aller Interessierten gerecht zu werden, war bei der Projektleitung eine komplette Sammlung der Fotoprotokolle aus allen Workshops einsehbar. Diese Möglichkeit wurde auch von nicht direkt Beteiligten aus anderen Abteilungen genutzt.

Das Angebot aus Pflichtveranstaltungen und freiwilliger Teilnahme hat sich nur teilweise bewährt. Teams, die weiteren Beratungsbedarf gehabt hätten, haben verzichtet, weil sie Beratungsbedarf mit Schwäche gleichgesetzt haben. Andere Teamleiter haben immer wieder Bedarf angemeldet in der Hoffnung, der Berater würde ihnen temporär die Führung des Teams abnehmen. Hier war die Enttäuschung manchmal spürbar, wenn die Berater nur Hilfe zur Selbsthilfe anboten nach dem Prinzip: »Unterstützen ja, Entscheidungen oder unangenehme Aufgaben abnehmen nein.«

Mit dem Arbeitsprinzip der Neutralität hatten die Berater immer wieder zu kämpfen. Besonders die Mitglieder des Beraterteams, die schon einige Jahre als Trainer oder Berater für diese Organisation tätig waren, konnten gelegentlich nicht die notwendige Distanz zum Entwicklungsprozess und zu einzelnen Personen halten. Mit kollegialer Supervision innerhalb des Beraterteams wurde diesem Problem begegnet.

Die Berater waren wir mit dem Ergebnis zufrieden, wohl wissend, dass die Möglichkeiten der Organisationsentwicklung eines Teilsystems der AOK unter den gegebenen Bedingungen begrenzt waren. Die zweitbeste Lösung, die von den Betroffenen getragen wird, ist besser als der große Wurf, den keiner haben will. Wie später zu erkennen war, hat dieses Projekt den Grundstein für weitere Veränderungsprojekte gelegt in Form von Offenheit und Selbstvertrauen im Umgang mit Veränderungen.

Fazit

Die AOK im verzerrten Wettbewerb

Die AOK hat ihren Ursprung in der bismarck'schen Sozialgesetzgebung und ist damit Teil des deutschen und auch des europäischen Verständnisses von Balance zwischen Staat und Markt. Für eine geregelte Krankenversicherung aller Bürger zu sorgen, ist Aufgabe des Staates, auch im Verständnis seiner Bürger. Dieses System war einhundert Jahre funktional, nämlich so lange, wie die demografische Entwicklung gleichbleibend stabil blieb. Durch die demografische Verschiebung hin zu mehr älteren und weniger jüngeren Menschen ist dieses System in permanente finanzielle Schwierigkeiten geraten, die zu Beitragserhöhungen geführt haben, ohne dass sich die Leistungen spürbar verbessert hätten, sondern eher im Gegenteil sogar reduziert wurden.

Diese Entwicklung, zusammen mit den neoliberalistischen Tendenzen, hat dazu geführt, die AOK privatwirtschaftlicher Konkurrenz auszusetzen und mehr Wirtschaftlichkeit zu fordern. Dadurch ist die AOK zu einer typischen Hybridorganisation geworden, die einerseits NPO ist und andererseits im Wettbewerb zu anderen Organisationen steht. Es besteht die Gefahr der Verschiebung des Fokus, weg von den ursprünglichen Werten wie Solidarität und Volksgesundheit und dem ursprünglichen Zweck der Organisation, hin zu wettbewerblich geleiteten Zielen.

Zusätzlich wird diese Organisation immer wieder mit Aufgaben belastet, die sich aus politischen Entscheidungen ergeben, wie z. B. die Einführung geringfügiger Beschäftigungsverhältnisse und der Pflegeversicherung. Solche Aufgaben abzulehnen, wie dies eine Profitorganisation könnte, ist der AOK nicht möglich. Damit entsteht eine starke Wettbewerbsverzerrung, in der diese NPO zwangläufig unterliegen muss.

Diese gesamte Entwicklung lässt den Grundgedanken der Krankenversicherung für alle Bürger nach dem Solidarprinzip in den Hintergrund treten, sowohl bei den Mitarbeitern der Organisation als auch bei den Bürgern. Eine Errungenschaft des Sozialstaates, geschaffen, um grobe Ungerechtigkeiten auszugleichen, die die radikale Marktwirtschaft hervorbringt, droht hier in Misskredit zu geraten.

Staatliche Eingriffe ohne das Solidaritätsprinzip infrage zu stellen

Der Staat muss hier eingreifen und er tut es auch. Allerdings nur dann, wenn es politisch opportun erscheint oder wenn das System Krankenversicherung zu kollabieren droht. Die Einführung der Pflegeversicherung ist ein Beispiel für einen staatlichen Eingriff. Hier wird per Politik das staatlich gewollte System der Krankenversicherung an die demografische Entwicklung angepasst. Eine richtige Entscheidung, deren Notwendigkeit lange vorher absehbar war, die aber leider mit der falschen Argumentation begründet wurde. Kostenentlastung der Krankenversicherung war die Begründung und von der Erhaltung des Solidarprinzips war nur am Rande die Rede. Das aber ist der übergeordnete Zweck, dem das gesamte System dient. Dieser Sinn der Organisation AOK hätte hier mehr betont werden müssen, auch um zu zeigen, wie hier dem allgemeinen Trend der Entsolidarisierung entgegengewirkt wird.

Ist die wirtschaftliche Lage durch gute Konjunktur dann mal wieder gut und es entstehen Überschüsse, kommt schnell der Ruf nach Beitragssenkung.

Wirtschaftliche Effizienz

Grundsätzlich ist festzustellen, wie wichtig es ist, bei notwendigen Kosteneinsparungen oder Effizienzsteigerungen den übergeordneten Zweck, das Ideal, im Auge zu behalten. Der Zusammenhang zwischen einer Maßnahme zur Steigerung der Wirtschaftlichkeit und dem ideellen Zweck der Organisation muss immer hergestellt werden und sowohl für die Mitarbeiter als auch für die Bürger erkennbar bleiben. Es ist unbestritten, dass alle Organisationen dazu neigen, »Speck« anzusetzen und damit an Wirtschaftlichkeit zu verlieren. Da bildet der Dritte Sektor keine Ausnahme und muss sich um sparsamen Einsatz von Ressourcen bemühen. Sonst besteht hier die Gefahr des unangemessenen Eingriffs von außen, weil diesen Organisationen häufig unterstellt wird, nicht wirtschaftlich zu handeln.

Das neoliberale Paradigma »mehr Markt und weniger Staat« ist in solchen Veränderungsprozessen nicht hilfreich und lenkt den Fokus in die falsche Richtung. Statt sich dem Trend anzunähern, müssen hier die Verantwortlichen Einfluss auf die Politik nehmen, damit hier mehr Staat gezeigt wird, um das System der sozialen Sicherung zu erhalten. Der Finanzausgleich zwischen den Krankenversicherern ist ein Schritt in die richtige Richtung. Daran zeigt sich aber auch, wo die Grenzen des nützlichen Wettbewerbs im sozialen Sicherungssystem liegen. Unter den gegebenen Rahmenbedingungen mit der Verpflichtung zu vergleichbaren Leistungen ist die heutige Landschaft der gesetzlichen Krankenversicherung mit ihren vielen Anbietern rational nicht zu erklären.

Der Zweck muss klar sein

Am Beispiel der AOK wird deutlich, dass die Historie eines Systems und der übergeordnete Zweck berücksichtigt werden müssen, wenn es um Veränderungsprozesse geht. Es muss grundsätzlich klar sein für alle Beteiligten, ob der Zweck des Systems und die dahinter liegenden Werte erhalten bleiben. Im Falle der AOK scheinen die Wirtschaftlichkeitsüberlegungen und die daraus resultierenden Maßnahmen zu dominieren. Dadurch entsteht der Eindruck von Sinnlosigkeit. Das ist umso problematischer, als dieser Prozess überwiegend unbewusst und damit unreflektiert abläuft. Das Unbehagen der Mitarbeiter, insbesondere der älteren, die noch andere Zeiten erlebt haben, äußert sich in Kommentaren wie: »Das ist nicht mehr meine AOK.« Es ist zu einfach, diese Äußerungen abzutun mit dem Verweis auf die »ewig Gestrigen«, die sich nicht an notwendige Veränderungen anpassen wollen. Hier verbindet sich Unbehagen, gespeist aus aktuellem Erleben einer sinnlos erlebten Veränderung, von der die Menschen persönlich betroffen sind mit allgemeinem Unbehagen, hervorgerufen durch die Wirkung des neoliberalen Trends in der Gesellschaft allgemein.

Die Notwendigkeit der Anpassung an veränderte Rahmenbedingungen ist unbestritten. Wenn man die Mitglieder einer Organisation dafür gewinnen will, diese Veränderungen aktiv mitzugestalten, muss der Zweck grundsätzlich einsichtig sein. Wie sollen Mitarbeiter solidarisch sein mit ihrer Organisation, wenn diese Organisation offensichtlich nicht an diesem Prinzip der Solidarität festhält, aus dem sie einmal entstanden ist und das sie bis heute legitimiert?

Kundenorientierung bei einer Berufsgenossenschaft

Die Berufsgenossenschaften als Institution

Die gewerblichen Berufsgenossenschaften sind die Träger der gesetzlichen Unfallversicherung der Deutschen Privatwirtschaft und deren Beschäftigten. Sie haben die Aufgabe, Arbeitsunfälle und Berufskrankheiten sowie arbeitsbedingte Gesundheitsgefahren zu verhüten. Beschäftigte, die einen Arbeitsunfall erlitten haben oder an einer Berufskrankheit leiden, werden durch die Berufsgenossenschaften medizinisch, beruflich und sozial rehabilitiert. Darüber hinaus obliegt es den Berufsgenossenschaften, die Unfall- und Krankheitsfolgen durch Geldzahlungen finanziell auszugleichen. Im Jahr 2005 waren etwa 46 Millionen Personen bei den Berufsgenossenschaften versichert. (Bericht der Bundesregierung, Berlin 2006, 160)

Bei dem nachfolgend beschriebenen Fall handelt es sich um eine Berufsgenossenschaft mittlerer Größe mit etwa 700.000 Versicherten und 30.000 Arbeitgebern einer bestimmten Branche, zuständig für eine Region, die aus mehreren Bundesländern besteht. Das Veränderungsprojekt »Kundenorientierung« fand vor der staatlich verordneten Fusion zu den heute noch bestehenden neun Berufsgenossenschaften statt, wurde aber bereits im Hinblick auf die bevorstehenden Fusionen gestartet.

Bei den Berufsgenossenschaften handelt es sich um Sozialversicherungsträger. Sie sind als Körperschaften des öffentlichen Rechts mit Selbstverwaltung organisiert und finanzieren sich im Wesentlichen aus Beiträgen der ihnen durch Pflichtmitgliedschaft zugewiesenen Unternehmen. 2005 waren über 3 Millionen Unternehmen Mitglied einer gewerblichen Berufsgenossenschaft. (Geschäfts- und Rechnungsergebnisse der gewerblichen Berufsgenossenschaften, Sankt Augustin 2005, 8.)

Rechtsform und Organe der BG

Die Berufsgenossenschaften sind Institutionen der gesetzlichen Unfallversicherung und damit Sozialversicherungsträger. Ihre Organisation – das Gesetz spricht von »Verfassung« – ist durch das Sozialgesetzbuch vorgegeben. Die Berufsgenossenschaften sind nach Paragraf 29 SGB IV als Körperschaften des öffentlichen Rechts mit Selbstverwaltung verfasst. Als solche sind sie mitgliedschaftlich organisiert. Mitglieder sind die Unternehmen des jeweiligen Gewerbezweigs.

Die Berufsgenossenschaften verfügen über drei Organe. Zwei dieser Organe, die Vertreterversammlung und der Vorstand, sind Selbstverwaltungsorgane. Die Vertreterversammlung wählt den Vorstand. Der Vorstand ist die Verwaltungsspitze der Berufsgenossenschaft. Er erlässt Vorschriften für die Verwaltungsgeschäfte und vertritt die BG nach außen. Ebenso wie die Vertreterversammlung ist auch er paritätisch mit Arbeitgeber- und Arbeitnehmervertretern besetzt.

Drittes Organ ist ein hauptamtlich tätiger Hauptgeschäftsführer. Er leitet unter Aufsicht und nach Weisung des Vorstands die laufenden Verwaltungsgeschäfte. Ihm untersteht unmittelbar der gesamte Verwaltungsapparat. In diesem Beispiel stand dem Hauptgeschäftsführer ein Stellvertreter zur Seite, der eigenverantwortlich Teile des Verwaltungsapparats führte.

Die Berufsgenossenschaften unterliegen der staatlichen Aufsicht. Das Bundesversicherungsamt und das Bundesministerium für Arbeit und Soziales wachen darüber, dass die Berufsgenossenschaften sich an Recht und Gesetz halten, ihre gesetzlich vorgegebenen Aufgaben ordnungsgemäß erfüllen und ihre Kompetenzen nicht überschreiten.

Die Berufsgenossenschaften finanzieren sich ausschließlich aus den Beiträgen der Unternehmer. Die Versicherten zahlen keinen Beitrag. Darin liegt ein wesentlicher Unterschied zu den anderen Zweigen der deutschen Sozialversicherung, in denen die Beiträge von Arbeitgebern und Arbeitnehmern erhoben werden. Im Gegenzug sind die Unternehmer grundsätzlich von jeder Haftung gegenüber ihren Arbeitnehmern freigestellt. Dieser Grundsatz gilt seit Inkrafttreten des ersten Unfallversicherungsgesetzes im Jahr 1885.

Die Geschichte der Berufsgenossenschaft

Um das Selbstverständnis der Berufsgenossenschaften zu verstehen, ist ein Blick auf die geschichtliche Entwicklung sehr erhellend. Kaiser Wilhelm I. hatte am 17. November 1881 die Einführung einer Sozialversicherung angemahnt, insbesondere einer Versicherung der Arbeiter gegen Unfälle. Die Sozialversicherung sollte die sogenannte »soziale Frage« lösen und damit den inneren Frieden sichern. Es dauerte drei Jahre, bis Reichskanzler Bismarck die Vorstellungen des Kaisers umsetzen konnte. Mit dem Unfallversicherungsgesetz vom 6. Juli 1884 wurden die rechtlichen Voraussetzungen für die Berufsgenossenschaften geschaffen. Am 1. Oktober 1885 nahmen die ersten 57 Berufsgenossenschaften ihre Arbeit auf. 1929 entstand die 69. gewerbliche Berufsgenossenschaft mit der Knappschafts-BG als größter Organisation und der Berufsgenossenschaft der Schornsteinfegermeister als kleinster. Ab den 1930er-Jahren schlossen sich kleinere Berufsgenossenschaften zu größeren Sozialversicherungsträgern zusammen. Fusionen im Rahmen der berufsgenossenschaftlichen Organisationen sind also nichts Neues.

Der Zweite Weltkrieg und die sich anschließende Teilung Deutschlands stellten eine Zäsur für die Arbeit der Berufsgenossenschaften dar. Das Wirken der Berufsgenossenschaften beschränkte sich bis zur Wiedervereinigung im Jahre 1990 auf das Gebiet Westdeutschlands. In den 1950er-Jahren organisierte der bundesdeutsche Gesetzgeber die Selbstverwaltung der Berufsgenossenschaften neu. Die Genossenschaftsversammlung, die bis dahin nur aus Unternehmern bestand, wurde durch die je zur Hälfte mit Vertretern der Arbeitgeber und der Arbeitnehmer besetzte Vertreterversammlung ersetzt. Das Paritätsprinzip galt auch für den Vorstand.

Die Wiedervereinigung brachte dann auch für Berufsgenossenschaften Veränderungen mit sich. Die nur in Westdeutschland tätigen Berufsgenossenschaften dehnten ihre Zuständigkeit auf das Gebiet der ehemaligen DDR aus. Die Überführung der DDR-Unfallversicherung in das gegliederte System der Westdeutschen Sozialversicherungsträger führte jedoch zu erheblichen finanziellen Belastungen. Die unerwartet hohen Kosten schlugen sich in einem starken Anstieg der BG-Beiträge nieder. Seit Mitte der 1990er-Jahre stehen die Berufsgenossenschaften daher in der Kritik. Ihnen wird vorgeworfen, auf Kosten der Unternehmen ein bürokratisches, teilweise ineffizientes und nicht mehr finanzierbares Unfallversicherungssystem geschaffen zu haben.

Kritik an den Berufsgenossenschaften

Während ein Teil der Kritiker die ersatzlose Abschaffung der Berufsgenossenschaft fordert, begnügen sich andere damit, die Genossenschaften zu einer Senkung ihrer Personal- und Verwaltungskosten anzuhalten. Die Kostensenkung soll insbesondere durch Zusammenschlüsse kleinerer Berufsgenossenschaften erfolgen, von denen man sich Synergieeffekte verspricht. Das nachfolgend beschriebene Projekt »Kundenorientierung« sollte darüber hinaus einen erkennbaren Mehrwert für die Unternehmen und die Versicherten schaffen und so der immer wieder geübten Kritik entgegenwirken.

Die Berufsgenossenschaften werden gelegentlich sowohl von Unternehmerkreisen als auch von Versicherten kritisiert. Während sich die Kritik der Unternehmer vornehmlich gegen das Monopol der Berufsgenossenschaften und die als zu hoch empfundenen Beiträge richtet, bemängelt ein Teil der Versicherten das Verhalten der Berufsgenossenschaften im Versicherungsfall.

Kritik bezüglich der beantragten und gewährten Sozialleistungen kommt von Seiten der versicherten Personen. Immer dann, wenn beantragte Leistungen nicht oder nur teilweise gewährt werden, geht die

Zufriedenheit signifikant zurück. Dem wird entgegengehalten, dass 90 Prozent der angefochtenen Rentenbescheide von den Sozialgerichten als rechtmäßig bestätigt werden.

Die Berufsgenossenschaften als gesetzliche Unfallversicherung dürfen keinen Gewinn erwirtschaften. Die Beiträge richten sich nach einem Umlageverfahren im Wesentlichen nach den im vergangenen Geschäftsjahr angefallenen Unfalllasten, die andernfalls individuell von jedem Unternehmen zu tragen wären. Dadurch sind die Verwaltungskosten niedriger als bei einer privaten Unfallversicherung.

Die Zuständigkeit der Berufsgenossenschaften ist mit dem europäischen Gemeinschaftsrecht vereinbar. Das hat der europäische Gerichtshof nach einem sieben Jahre andauernden Rechtsstreit am 5. März 2009 (C-350/07) entschieden. Damit ist die Klage, dass die Berufsgenossenschaften und deren Monopol gegen das europäische Wettbewerbsrecht verstoßen, abgewiesen. Die Richter in Luxemburg entschieden, dass die Träger der gesetzlichen Unfallversicherung keine Unternehmen im Sinne des Europarechts seien.

Vergleich zu anderen Ländern

Bei aller Diskussion um die gesetzliche Unfallversicherung muss berücksichtigt werden, dass durch dieses System in Deutschland die Unternehmerhaftpflicht abgelöst wird. Das heißt, kein Unternehmer muss Schadensersatzklagen von erkrankten oder von verunfallten Beschäftigten fürchtet. In vielen privaten Systemen ist dies nicht der Fall, so etwa in Dänemark, Großbritannien oder in den USA. Obwohl der Unternehmer dort Prämien an Versicherungsgesellschaften und Berufskrankheitenfonds bezahlt, kann er von einem verletzten Arbeitnehmer vor Gericht auf Schadenersatz verklagt werden. Gelingt es im Prozess, Fahrlässigkeit des Arbeitgebers nachzuweisen, kann es für diesen schnell teuer werden und in schweren Fällen, zum Beispiel bei vielen Berufserkrankungen, das Unternehmen sogar in den Konkurs treiben.

Ein weiteres Problem bei einer möglichen Privatisierung ist der Ausschluss von Versicherungsrisiken. In Großbritannien ist es vorgekommen, dass Arbeitgeber keinen Unfallversicherer gefunden haben. Wer dort keinen Versicherungsschutz vorweist, kann mit Geldbußen von bis zu 2500 £ pro Tag bestraft werden. (Britischer Regierungsbericht über Probleme mit der Unfall-Haftpflichtversicherung)

Für die Arbeitnehmer ist der Vorteil des deutschen Systems offensichtlich. Jeder Mensch, der einer Beschäftigung nachgeht, in selbstständiger oder nicht selbstständiger Arbeit, ist zwangsläufig versichert gegen die Risiken von beruflichen Unfällen und Erkrankungen. Selbst Menschen in geringfügiger Beschäftigung, in sogenannten 400-Euro-Jobs oder Ein-Euro-Jobs, sind so abgesichert.

Andere Unfallversicherungsträger

Die Berufsgenossenschaften sind nicht die alleinigen Institutionen für die Unfallversicherung in Deutschland. Für den Bereich des öffentlichen Dienstes übernehmen Eigenunfallversicherungsträger der Länder und Gemeinden die Aufgaben der Berufsgenossenschaften. Dort sind auch ehrenamtlich Tätige und Schüler versichert.

Unfallversicherung aller Bundesbehörden ist die Unfallkasse des Bundes. Sie ist in erster Linie für die Arbeitnehmerinnen und Arbeitnehmer des Bundes zuständig aber auch für besondere Personengruppen (zum Beispiel ehrenamtliche Helferinnen und Helfer beim DRK und THW, Entwicklungshelfer).

Für die Nachfolgeunternehmen der Deutschen Bundespost und der Deutschen Bundesbahn sowie deren betriebliche Sozialeinrichtungen sind aus historischen Gründen nicht die gewerblichen Berufsgenossenschaften, sondern ebenfalls Unfallkassen zuständig. Es sind dies die Eisenbahn-Unfallkasse und die Unfallkasse Post und Telekom.

Perspektive

Das Organisationsentwicklungsprojekt »Kundenorientierung« kann eingeordnet werden als eine Maßnahme innerhalb eines langfristig angelegten Prozesses der Konzentration und der Optimierung der Unfallversicherung in Deutschland. Durch die Fusion der gewerblichen Berufsgenossenschaften zu heute neun Einzelgenossenschaften ist der Konzentrationsprozess formal abgeschlossen. Die interne Harmonisierung der fusionierten Organisationen und die erwünschten Synergie-Effekte müssen noch erarbeitet werden. Ein künftiger Zusammenschluss aller anderen Unfallversicherungsträger könnte zusätzliche Synergien erzeugen, ist aber derzeit nicht beabsichtigt oder im Gespräch.

Eine gravierende Veränderung der gesamten Unfallversicherungslandschaft durch Privatisierung erscheint unwahrscheinlich. Damit ist die langfristige Existenz der Berufsgenossenschaften gesichert und die Arbeitsplätze der dort tätigen Mitarbeiter und Mitarbeiterinnen sind nicht unmittelbar vom Personalabbau bedroht. Diese Tatsache war eine wichtige Voraussetzung für diese partizipativ angelegte Organisationsentwicklungsmaßnahme.

Aufbaustruktur dieser Berufsgenossenschaft

Das Organigramm zeigt die Struktur der Aufbauorganisation mit dem Hauptgeschäftsführer und seinem Stellvertreter als oberste Instanz des operativen Geschäfts.

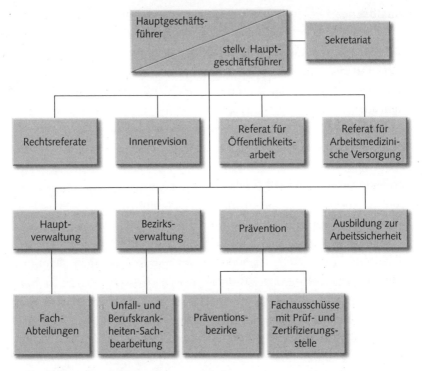

Abb. 1: Organigramm der Berufgenossenschaft   © Heimannsberg/Namokel/Fischer 2013

Die Aufbauorganisation dieser BG geht aus dem Organigramm hervor. Hier wird deutlich, dass es sich um eine Körperschaft des öffentlichen Rechts mit Selbstverwaltung handelt.

Bei dieser Art einer Non-Profit-Organisation und dem OE-Projekt »Kundenorientierung« wird besonderes Augenmerk zu legen sein auf:
- den Auslöser des Projektes
- den Aspekt von Wettbewerb mit anderen Organisationen
- das Führungsmodell
- die Art der Entscheidungsfindungsprozesse
- das Verhältnis von Ehrenamt zu Hauptamt
- die Klarheit und Transparenz der Ziele

Auslöser des Projektes »Kundenorientierung«

Offensichtlicher Auslöser für das Projekt war der Wechsel in der Führung. Der Hauptgeschäftsführer (HGF) ging in Ruhestand und sein langjähriger Stellvertreter nahm seine Stelle ein. In diesem Zusammenhang kam auch ein neuer stellvertretender Hauptgeschäftsführer (SHGF) von außen in die Organisation. Vom Moment des Bekantwerdens des Termins, wann der Führungswechsel stattfinden sollte, nahm der künftige HGF externe Beratung in Anspruch, um ein Bündel an Veränderungsprojekten vorzubereiten, die dann ohne Verzögerung gestartet werden sollten. Vorbereitende Maßnahmen für die Projekte waren unter der alten Leitung nicht möglich.

Für dieses spezifische Projekt gab es weitere Sekundärauslöser. Der alte SHGF (und künftige HGF) musste sich als Erneuerer präsentieren und damit für die kommende Führungsaufgabe legitimieren. Dieser Vorgang lief informell in vielen kleinen Gesprächen mit den Meinungsbildnern der Vertreterversammlung und den ehrenamtlichen Mitgliedern des Vorstandes ab. Ein weiterer Auslöser war die mittelfristig absehbare Fusion mit anderen BG der gleichen Branche. Im Vordergrund stand hier das persönliche Interesse des neuen Führungsduos, das erfreulicherweise nicht im Widerspruch zum Interesse der Organisation und ihrer Mitarbeiter stand. Dieses persönliche Interesse wirkte sich als permanenter Energiespender positiv auf den Fortgang des Projekts aus. Außerdem entstand der Eindruck, Kundenorientierung sei gerade modern und mache sich gut als Überschrift. Indirekt wurde damit signalisiert, dass die BG auf der Höhe der Zeit sei und sich auf Augenhöhe mit den versicherten Unternehmen befinde. Diese Berufsgenossenschaft sprang auf den allgemeinen Trend zu mehr Kundenorientierung auf. Viele Mitgliedsfirmen bemühten sich auch um mehr Wettbewerbsfähigkeit durch bessere Orientierung an den Bedürfnissen ihrer Kunden. Letztlich war dieses Projekt ein Bonbon für die zahlenden Arbeitgeber, hier adressiert als die Hauptkunden, und gedacht als Gegengewicht zu anderen Projekten, die viel kosten und wenig bringen würden, wie z.B. eine neue IT-Lösung.

Auswirkung von Wettbewerb

Zur Zeit des Projektstarts gab es keinen direkten Wettbewerb mit anderen BG oder Profitorganisationen, die sich um die Übernahme des gesetzlichen Auftrags der BG beworben hätten. Im Hinblick auf die bereits erwähnte Fusion von insgesamt fünf BG innerhalb dieser Branche existierte sehr wohl ein Wettbewerb um die Führungsrolle innerhalb der dann zu bildenden großen BG. Der Wettbewerb zielte auf die Klärung der Frage, wer progressiver, innovativer aber auch der bessere Partner für die Arbeitgeber und die Arbeitnehmervertreter ist und wer am ehesten dazu in der Lage ist, diese dann sehr große BG in die Zukunft zu führen. Diese Fragestellung spielte sich wiederum auf zwei Ebenen ab. Die erste Frage war, wer die besseren Systeme, Werkzeuge und Konzepte habe, die dann von allen anderen übernommen werden müssten. Zweitens war die Frage zu klären, wer sich als Person für die Aufgabe des HGF und SHGF empfiehlt. Letztendlich musste hier die Balance zwischen Bewahren und Erneuern gefunden werden.

Zielsetzung des Projektes

Basisziel war die Entwicklung von Kundenbewusstsein. Allein der Begriff »Kunde« existierte nicht in dieser Organisation. Das Selbstverständnis lautete: »Wir haben einen gesetzlichen Auftrag zu erfüllen und durchzusetzen. Vorschriften und Regeln vorgeben, durchsetzen und kontrollieren und bei Fehlverhalten sanktionieren, das ist die Aufgabe. Und wenn ein Versicherter Ansprüche anmeldet, werden diese kritisch wohlwollend geprüft und gewährt.« Aus diesem Verständnis heraus hatte der Bereich Prävention eine Sonderstellung, weil er über die klassische Aufgabe hinausging.

Neben dem Bewusstsein für die externen Kunden sollte künftig auch das Verständnis der Menschen und Organisationseinheiten, denen man im System zuarbeitet, als Kunden entwickelt werden.

Sekundärziele, die unter der Überschrift »Kundenorientierung« subsumiert wurden, waren:
- Dienstleistungsbewusstsein zu entwickeln
- Das Selbstverständnis der Organisation insgesamt, der Führungskräfte und der Mitarbeiter in Richtung Kundenorientierung zu verändern
- Partizipation am Veränderungsprozess zu ermöglichen
- Eigenverantwortung der Mitarbeiter zu stärken
- Die Zukunft der Organisation in Hinblick auf die Fusion zu sichern
- Das Führungsduo HGF und SHGF als »Pioniere der Veränderung« zu profilieren

Es war offensichtlich, dass sich die verantwortlichen Führungskräfte und der ehrenamtliche Vorstand der Tragweite dieses Paradigmenwechsels nicht voll bewusst waren. »Wir wollen ein modernes Dienstleistungsunternehmen sein.« Dieses Credo hieße in letzter Konsequenz, sich von einem beamtenähnlichen Verständnis der Auftragserfüllung zu verabschieden, sich als Unternehmen im betriebswirtschaftlichen Sinne zu verstehen und die bis dato geltenden Wertvorstellungen deutlich zu verändern. Sich künftig als Unternehmen zu verstehen, hätte dem Auftrag der BG widersprochen. Kostengesichtspunkte unangemessen in den Vordergrund zu schieben, hätte den Mitarbeitern den übergeordneten Sinn ihrer Arbeit genommen. Aus der Geschichte der BG heraus ist sie eine Institution mit hoheitlichem Auftrag, gegründet auf das Solidarprinzip im Sinne ausgleichender Gerechtigkeit.

Aus dieser Einschätzung der Situation heraus strebten die externen Berater zusammen mit der Geschäftsführung einen evolutionären Veränderungsprozess an: vorsichtig beginnen mit dem Thema und dann schrittweise weitergehen. Das hieß konkret, das Gesamtziel im Auge zu behalten, aber immer nur die nächsten beiden Schritte konkret zu benennen, zu planen und auch gegenüber den Mitarbeitern der Organisation offenzulegen. Den Erfahrungen der Veränderungsschritte folgend weiter zu planen und immer wieder zu prüfen, ob das ursprünglich formulierte Etappenziel noch Gültigkeit hat oder der Modifikation bedarf. Eine klassische systemische Gestaltung des Veränderungsprozesses, die davon ausgeht, dass die Komplexität eines solchen Projekts nur bedingt beherrschbar ist.

Die geplanten Prozessschritte

1. Führungstraining

Wie bei allen Veränderungsprozessen, so auch hier, spielten die Führungskräfte eine entscheidende Rolle. Die Vorannahme, bei dieser Zielgruppe lägen die größten Widerstände gegen Veränderung, wurde bestätigt.

In einem Training konnten sich die Führungskräfte mit einem neuen Führungsverständnis vertraut machen. Zwei Schwerpunkte standen im Training im Vordergrund, Rollenflexibilität und Kundenorientierung.

Die Teilnahme am Training war bedingt freiwillig, alle wurden eingeladen, aber Fernbleiben aus mehr oder weniger plausiblen Gründen wurde toleriert.

In dieser Anfangphase war deutlich zu spüren, dass die Mehrheit der Führungskräfte den Veränderungsbedarf leugnete und in eine abwartende Haltung ging. Eine Minderheit begeisterte sich für die Ideen und begriff die angestrebten Veränderungen als Chance.

2. Mitarbeitertraining Kundenorientierung

Immer noch auf der Ebene der relativen Unverbindlichkeit wurden Seminare zum Thema Kundenorientierung für alle Mitarbeiter angeboten. Der Umfang des Angebotes war so dimensioniert, dass ca. 20 Prozent der Mitarbeiter an den Seminaren teilnehmen konnten. So wurde das Thema am Kochen gehalten und konnte nicht einfach wieder in der Versenkung verschwinden. Die Mitarbeiter fingen an,

Fragen zu stellen, zu spekulieren und sich ihre eigenen Chancen und Risiken auszumalen. Die Führungskräfte gerieten unter sanften Druck von oben und von unten. Langsam wurde allen klar, es wird sich etwas verändern. Das ganze Repertoire der Reaktionen war zu beobachten, von Begeisterung über vorsichtigen Optimismus bis hin zu offener Ablehnung und verdeckter Drohung mit fürchterlichen Konsequenzen. Die Vorgesetzten nahmen in dieser Phase massiv Einfluss darauf, wer an den angebotenen Seminaren teilnehmen durfte. Die oberste Führung griff hier nicht regulierend ein, denn es war ohnehin nicht geplant, alle Mitarbeiter an diesem Seminar teilnehmen zu lassen. Von der Gesamtstrategie her gehörte diese Maßnahme zur Vorbereitung des Projektes durch Destabilisierung des Systems einerseits und Aufzeigen von Perspektive andererseits.

3. Leitlinienworkshop Kundenorientierung

Der nächste, wiederum etwas konkretere Schritt war ein Workshop zum Thema Kundenorientierung mit fast allen Top-Führungskräften der Organisation. Wer hier fehlen oder seinen Stellvertreter vorschieben wollte, musste eine sehr gute Entschuldigung haben.

In enger Abstimmung mit dem SHGF wurde ein eintägiger Workshop vorbereitet, der als Startschuss für das offizielle Projekt Kundenorientierung gedacht war. Wie aus der nachfolgenden Dramaturgie zu entnehmen ist, gab es zwei Arbeitsschwerpunkte: eine Kollagearbeit zur Entwicklung einer Vision und erste Entwürfe für Leitlinien zur Kundenorientierung. Flankierend erfuhren die Teilnehmer die möglichen Schritte eines Projektes Kundenorientierung, um ihnen einen Weg aufzuzeigen hin zur Verwirklichung der Vision.

Nr.	Aktion	wer	Zeit	Uhr
1	Eröffnung des Workshops und Begrüßung der Teilnehmer	HGF	10	10.10
2	Information über Ziel und Zweck von Visionen und Leitlinien	Ber	10	10.20
3	Information über die fünf B's der Kundenorientierung	Ber	15	10.35
4	Einstimmung auf die Visionsarbeit mit einer Zukunftsimagination	Mod	10	10.45
5	Collagearbeit zur Visionsentwicklung	Tn	20	11.05
6	Reflexion der Collagearbeit	Mod	10	11.15
7	Stufenweise Entwicklung einer visionären Botschaft	Mod	30	11.45
8	Zeitpuffer		15	12.00
9	Mittagspause		45	12.45
10	Information über Kriterien zur Formulierung von Leitlinien	Ber	10	12.55
11	Strukturierung und Einteilung der Gruppenarbeit	Mod	15	13.10
12	Kleingruppenarbeit zum Entwurf von Leitlinien mit Checkliste	Tn	45	13.55
13	Pause und Zeitpuffer		15	14.10
14	Präsentation und Diskussion der Gruppenarbeitsergebnisse	Mod	40	14.50
15	Pause und Zeitpuffer		20	15.10
16	Info über den weiteren Prozess zur Implementierung der Leitlinien	Ber	30	15.40
17	Entwicklung von Maßnahmen für den Einführungsprozess	Mod	40	16.20
18	Abschlussreflexion zum gesamten Workshop	Mod	15	16.35
19	Zeitpuffer für Unvorhergesehenes		15	16.50
20	Verabschiedung der Teilnehmer	HGF	10	17.00

Ber = Berater   HGF = Hauptgeschäftsführer   Mod = Moderator   Tn = Teilnehmer

Abb. 2: Dramaturgie für Leitlinienworkshop Kundenorientierung

4. Start des Projektes Kundenorientierung

»Jetzt wird es ernst«, dachten viele Mitarbeiter, als sie von einem offiziellen Projekt zum Thema Kundenorientierung erfuhren. Um die notwendigen Mittel und die personellen Kapazitäten zu mobilisieren, war eine Vorstandsvorlage notwendig, über die ohne große Diskussion positiv entschieden wurde. Die beiden Geschäftsführer bedienten sich hier des üblichen Vorgehens und informierten und überzeugten vorher die ehrenamtlichen Meinungsbildner im Vorstand. Entsprechendes Gewicht bekam das Projekt durch den Projektleiter in Person des stellvertretenden Hauptgeschäftsführers SHGF.

Die Projektidee

Die gesamte Berufsgenossenschaft (BG) soll sich an den Bedürfnissen ihrer Kunden ausrichten. Das Projekt »Kundenorientierung« ist ein Beitrag zur Neuausrichtung der BG insgesamt, hin zu einem »modernen Dienstleistungsunternehmen«. Der Kundenbegriff ist weit gefasst und bezieht sich sowohl auf die externen als auch auf die internen Kunden.

Aus dieser Zielsetzung leitet sich ab, dass alle Mitarbeiter in dieses Projekt einbezogen werden müssen. Es handelt sich bei der Kundenorientierung nicht nur um eine andere Bearbeitung der Vorgänge, sondern vorwiegend um eine Veränderung der Einstellung und damit auch des Verhaltens. Derartige Veränderungen vollziehen sich in kleinen Schritten und sind nur mittelfristig umzusetzen. Die Laufzeit des Projektes soll etwa zwei Jahre betragen.

Die Führungskräfte werden als Vorbild für die notwendige Veränderung gesehen, also muss der Prozess oben beginnen und kaskadenförmig nach unten in die gesamte Organisation hineingetragen werden.

Damit der Prozess der Kundenorientierung dauerhaft erfolgreich ist, sollten die Organe der BG frühzeitig in den Prozess miteinbezogen werden. Ein Workshop, der extern moderiert wird, demonstriert zeitgemäße Arbeitsformen der Beteiligung und integriert alle Gremien und Organe der Organisation.

Zur Abrundung des Projektes sollte zu einem späteren Zeitpunkt ein Kundenforum eingerichtet werden. Hier kann der aktive Dialog mit den unterschiedlichen Kunden gepflegt werden. Die Ergebnisse dieses Dialogs haben dann wieder ihre Rückwirkung in die BG hinein und treiben den Prozess der Kundenorientierung weiter voran.

Der Projektplan

Der nachfolgende Projektplan wurde vom stellvertretenden Hauptgeschäftsführer gemeinsam mit den externen Beratern entwickelt und mit den externen Trainern abgestimmt. So konnten die Erfahrungen aus den bisher gelaufenen Seminaren, die Ergebnisse des Leitlinien-Workshops und Erfahrungen aus anderen, ähnlich gelagerten Projekten einfließen.

1. Schritt:	Formulierung der vorläufigen Leitlinien zur Kundenorientierung
Zeit:	2 Monate
Aufwand:	2 bis 3 Manntage, intern, evtl. externe Unterstützung
Beteiligte:	SHGF verantwortlich
Entscheidung:	Vorläufige Leitlinien verabschieden

2. Schritt:	Auswahl der Workshopmoderatoren (20)
	Auswahlkriterien festlegen
	Geeignete Personen ansprechen und informieren
Zeit:	1 Monat
Aufwand:	3 bis 4 Manntage, intern
Beteiligte:	SHGF verantwortlich und Projektsteuerer
Entscheidung:	Projektsteuerer einsetzen
	Auswahl der geeigneten Mitarbeiter

3. Schritt:	Workshopkonzept entwickeln
Zeit:	1 Monat parallel zu Schritt 2
Aufwand:	1 Manntag, extern
Beteiligte:	externer Berater mit SHGF
Entscheidung:	Workshopkonzept verabschieden

4. Schritt:	Moderatorenschulung
Zeit:	2 Monate
	Coaching und Supervision parallel zu den Workshops
Aufwand:	2 x 2 Tage Moderatorentraining, 40 Manntage intern, Teilnehmer
	Die potenziellen Moderatoren werden in zwei 2-tägigen Trainings auf die Leitung der Leitlinienworkshops vorbereitet,
	4 Manntage extern. Trainer
	Coaching der Moderatoren, 20 Tage extern, (1 Tag pro Moderator)
	Die Moderatoren führen den ersten Workshop gemeinsam mit einem Trainer durch
	Gruppensupervision Moderatoren, 20 Tage intern, 2 Tage extern
	Die Moderatoren finden sich zu einem Erfahrungsaustausch und zur Klärung offener Fragen und schwieriger Situationen zusammen mit einem Trainer
Beteiligte:	externe Trainer, Moderatoren
Entscheidung:	Termine für Training, Coaching, Supervision

5. Schritt: Leitlinienworkshops mit allen Mitarbeitern
Jeder Vorgesetzte findet sich in einem drei- bis vierstündigen Workshop mit seinen Mitarbeitern zusammen und erarbeitet die Konsequenzen aus den Leitlinien für den eigenen Verantwortungsbereich. Sekretärinnen und Hilfskräfte werden miteinbezogen. Am Ende stehen Vorschläge zu den Leitlinien und ein Maßnahmenplan zur

	Optimierung der Kundenorientierung. Die Maßnahmen werden von der zentralen Projektsteuerung gesammelt und verfolgt. Gruppenübergreifende Vorschläge münden in Projekte ein, für die Projektmanager eingesetzt werden.
Zeit:	4 Monate
Aufwand:	400 Manntage, Mitarbeiter
	80 Manntage, Moderatoren
Beteiligte:	Alle Mitarbeiter
Entscheidung:	Gruppeneinteilung und Zuordnung der Moderatoren

6. Schritt:	Projektmanagerschulung
	Aus den Workshops entstehen Projekte zur Optimierung der Kundenorientierung. Diese Projekte sollten von Mitarbeitern geleitet werden, die für diese Aufgabe qualifiziert worden sind. Außerdem sollten einige Führungskräfte an diesem Training teilnehmen, damit mehr Verständnis für Projektarbeit entsteht. Für die anderen bereits gestarteten Projekte werden ebenfalls Projektmanager gebraucht wie z.B. in der EDV.
	Das Training besteht aus einem 3-tägigen Basistraining und einem 2-tägigen Aufbautraining für die tatsächlichen Projektleiter.
Zeit:	1 Monat
Aufwand:	72 Manntage Basistraining für 24 Mitarbeiter, intern
	6 Manntage extern
	24 Manntage Aufbautraining für 12 Mitarbeiter, intern
	2 Manntage extern
Beteiligte:	externe Trainer, Projektleiter, Führungskräfte
Entscheidung:	Ja/Nein zur Projektleiterausbildung
	Ja/Nein zur Weiterqualifizierung der Mitarbeiter, die bereits Moderatoren und Projektleiter sind, in Richtung Prozessbegleiter.

7. Schritt:	Informationsmarkt
	Der Informationsmarkt ist eine Großveranstaltung für alle Mitarbeiter, die in mehreren Schichten teilnehmen. Alle gruppeninternen Projekte werden präsentiert, Ziel, Verlauf, Ergebnisse. Für die übergreifenden Projekte werden die Projektmitglieder angeworben. Alle Mitarbeiter bekommen den gleichen Informationsstand über den aktuellen Stand der Gesamtentwicklung. Das Wir-Gefühl wird gestärkt.
Zeit:	2 Monate
Aufwand:	450 Manntage intern, Mitarbeiter und Moderatoren
	5 Manntage extern, Vorbereitung und Durchführung
Beteiligte:	externer Berater, alle Mitarbeiter
Entscheidung:	Termin, Ort

8. Schritt:	Übergreifende Projekte starten
	Die gruppen- und standortübergreifenden Projekte wurden beim Informationsmarkt vorgestellt. Die Projektteams werden gebildet und erhalten einen konkreten Auftrag. Alle Projekte werden mit einem Auftakt- und Teambildungsworkshop gestartet.
Zeit:	2 Monate
Aufwand:	1 Manntag pro Projekt extern
	Je nach Anzahl und Größe der Teams intern
Beteiligte:	Projektleiter, Projektteams, externer Berater
Entscheidung:	Welche Themen werden als Projekt bearbeitet.

9. Schritt:	Abwicklung und Umsetzung der Projekte
	Die Projektleiter berichten regelmäßig an HGF und SHGF und erhalten bei Bedarf Unterstützung durch die internen Prozessbegleiter oder durch externe Berater. Abgeschlossene Projekte werden vor den Führungskräften und den betroffenen Mitarbeitern präsentiert. Konkrete Maßnahmenpläne sorgen für die Umsetzung

	und Verfolgung der Maßnahmen und Entscheidungen.
Zeit:	6 Monate, fallweise kürzer oder länger
Aufwand:	abhängig von den Projekten
Beteiligte:	betroffene Mitarbeiter, Projektteams und Prozessbegleiter
Entscheidung:	je nach Projektergebnis

10. Schritt: Abschluss des Projektes »Kundenorientierung«
Formale Zielerreichung, Mitarbeiter- und Kundenzufriedenheit, Budgeteinhaltung und Zeitplan werden reflektiert. Die Erfahrungen der Beteiligten aus dem gesamten Projekt werden im Hinblick auf weitere Veränderungsprozesse gesammelt und ausgewertet. Anerkennung der Mitarbeiter, die sich besonders um den Erfolg des Projektes verdient gemacht haben. Es erfolgt eine zusammenfassende Dokumentation als Abschluss des Projektes.

Der tatsächliche Prozess

Das Projekt lief weitgehend so ab wie geplant. Der Zeitplan konnte nicht ganz gehalten werden und die Ausbildung der Moderatoren (Schritt 4 des Projektplans) wurde um das Coaching und die Gruppensupervision gekürzt. Der Informationsmarkt erreichte nicht alle Mitarbeiter aufgrund der starken regionalen Zergliederung der Organisation. Die weiterführenden Projekte haben bei den Beteiligten einen deutlichen Prozess des Umdenkens erzeugt und so für Nachhaltigkeit gesorgt.

Als ergänzende Maßnahme und als formaler Abschluss des Projektes entstand auf Initiative der Geschäftsführer eine Broschüre zur Kundenorientierung bei dieser Berufsgenossenschaft. Alle Mitarbeiter, die Ehrenamtlichen und die Mitgliedsfirmen wurden damit über das veränderte Selbstverständnis der Organisation informiert. Dadurch entstand eine übergeordnete Öffentlichkeit, motiviert durch das Profilierungsbedürfnis des Hauptgeschäftsführers und des ehrenamtlichen Vorstands. Eher unbeabsichtigt wurde dadurch ein fordernder Druck der Kunden aufgebaut. Dieser Druck wiederum hat dem Veränderungsprojekt eine hohe Priorität verliehen und zu einer guten Umsetzungsrate verholfen.

Nachhaltigkeit des Projektes

Es gab die Chance, diese Organisation auch über dieses Projekt hinaus zu begleiten. So war es möglich zu beobachten, was nach dem formalen Abschluss des Projekts passierte.

Um die Idee der Kundenorientierung im Bewusstsein der Mitarbeiter zu halten, wurde ein Wettbewerb zur kreativen Umsetzung der Leitlinien veranstaltet. Prämiert wurde eine Idee, die heute alle Mitarbeiter vor Augen haben, in Form eines Bildschirmschoners. Kern der Idee war eine kleine Figur, genannt »Kuno«, abgeleitet aus dem Begriff »Kundenorientierung«, die in einem Comic den neuen Umgang mit den Kunden darstellt.

Durch den Informationsmarkt angestoßen entstand ein umfangreiches Fortbildungsprogramm. Die Mitarbeiter hatten erkannt, auf welchen Gebieten sie den veränderten Anforderungen noch nicht gewachsen waren und äußerten umfangreiche Wünsche zur persönlichen Weiterqualifizierung. Diesen Wünschen wurde auch weitgehend entsprochen.

Die Moderatoren, die zur Durchführung der Workshops qualifiziert worden waren, fühlten sich als Pioniere einer neuen Berufsgenossenschaft mit erheblichem Tatendrang. Diese Stimmung und Energie wurde klug kanalisiert. In einem Workshop reflektierte diese Gruppe die Stimmung in der BG und kreierte weitere Ideen für die Organisation in Richtung eines modernen Dienstleistungsunternehmens. Neben vielen kleineren Projekten fand eine interne Weiterqualifizierung der Moderatoren statt.

Heute führen diese Moderatoren Seminare für neue Mitarbeiter durch und tragen so dazu bei, den Gedanken der Kundenorientierung am Leben zu erhalten. Außerdem stehen sie für die Moderation von Workshops und auch für Teamentwicklungsmaßnahmen zur Verfügung.

Das Projektteam, das zu Beginn gegründet wurde, besteht auch noch vier Jahre nach Projektstart, obwohl das Projekt eigentlich abgeschlossen ist. Der große Zusammenhalt dieses Teams resultiert zum einen aus den gemeinsamen Erlebnissen und Erfahrungen und zum anderen aus der Befürchtung, die beschlossenen Maßnahmen könnten nicht umgesetzt oder rückgängig gemacht werden, »wenn wir nicht aufpassen«.

Insgesamt ist die Nachhaltigkeit des Projekts hoch. Das Veränderungstempo war vergleichsweise niedrig, aber den Mitarbeitern der Organisation angemessen. Was als sinnvoll und notwendig erachtet wurde, konnte auch umgesetzt und dann der Mentalität der Organisation entsprechend beibehalten werden.

Die Veröffentlichung der Leitlinien zur Kundenorientierung brachte Wertschätzung und Anerkennung für die Organisation und ihre Führungskräfte. Die damit ausgelöste Erwartungshaltung bei den Mitgliedsfirmen löste eine erhöhte Erwartungshaltung aus, die wiederum einen Beitrag zur Nachhaltigkeit leistete.

Ob diese Entwicklung im Rahmen der bevorstehenden Fusionen mehrerer BG in dem dann größeren Rahmen ihre Fortsetzung findet, bleibt abzuwarten.

Kritische Würdigung des Projektes

Die Zielsetzung stellte den Status oder gar die Existenz dieser Körperschaft des öffentlichen Rechts nicht infrage. Vielmehr galt es, die veränderten Anforderungen an diese Organisation zu berücksichtigen und ihnen in einer für diese Organisation angemessenen Weise Rechnung zu tragen. Die Zielsetzung der verbesserten Kundenorientierung war mit dem originären Zweck der Organisation sehr gut vereinbar. Als Maßstab für die Zielerreichung galten keine aus Profitorganisationen entliehenen Ziele, wie z. B. Kostensenkung, Personalabbau oder Erhöhung von Marktanteilen. Der übergeordnete Sinn, nämlich einen Beitrag zum Gemeinwohl zu leisten und Menschen, die unverschuldet in Not geraten sind, vor der Verelendung zu bewahren, blieb unangetastet. Damit wurde die Identität der Organisation nicht infrage gestellt, und die Mitarbeiter aller Ebenen konnten sich leichter mit den notwendigen Veränderungen anfreunden.

Dieser Umstand führte dazu, dass die Mitarbeiter keine Existenzängste auszustehen hatten und die auftretenden Widerstände hauptsächlich auf der Sachebene zu spüren waren. Ziel bei den Mitarbeitern war die Verlangsamung des Veränderungsprozesses im Sinne adäquater Anpassung des eigenen Verhaltens. Die Führungskräfte reagierten sehr unterschiedlich. Manchen ging alles viel zu langsam, andere stimmten an der Oberfläche allem zu, konnten sich aber nicht vorstellen, dass sich wirklich etwas ändern würde. Nur zwei Führungskräfte wagten offen Widerstand zu leisten. Der eine in Form von Engagement für die eigenen Mitarbeiter und daraus resultierenden Forderungen nach Besitzstandswahrung von allem und jedem. Der andere, weil er kurz vor seinem Ruhestand noch einmal den »starken Mann« markieren wollte und in der Gewissheit, ihm könne nichts mehr geschehen. Die Strategie, diese Führungskräfte nicht zu konfrontieren, sondern Verständnis für ihre Haltung zu zeigen und den Widerstand langsam abschmelzen zu lassen, hat sich in diesen Fällen bewährt. Eine offene Konfrontierung der Widerständler verbunden mit Sanktionen hätte vermutlich zu einer Solidarisierung anderer Führungskräfte geführt und damit den Widerstand insgesamt erhöht.

Das Führungsmodell der Organisation ist traditionell stark hierarchisch geprägt. Die Ausübung von Führung ist abgestützt durch die Genehmigung anhand von Vorschriften und weniger durch das Treffen von Entscheidungen. Der partizipative Ansatz der Berater stand dazu in deutlichem Kontrast und löste viel Verunsicherung aus. Den Führungskräften wurde bewusst, um wie viel mehr sie künftig in der Verantwortung stehen würden. Ermessensspielräume mit Entscheidungen auszufüllen, brachte viele an den Rand ihrer Möglichkeiten. Beispiele sollen das verdeutlichen.

> Auf die Forderung, Entscheidungen zu treffen statt nur zu genehmigen, kam der Kommentar: »Wenn wir mit Geld umgehen, das uns nicht gehört, darf es keine Entscheidungsspielräume geben. Wir müssen dann eben die Ausnahmen von der Regel auch regeln.«
>
> Bei der Anpassung an die regionalen Bedürfnisse der Kunden und Branchen durch veränderte Arbeitszeiten kam folgende Formulierung: »Wir sind immer für unsere Kunden da, in der Zeit von 9.00 bis 12.00 und 13.00 bis 16.30.« Die Vorstellung, jeder regionale Geschäftsführer müsse sich künftig an seinen Kunden vor Ort orientieren und über ein eigenes Arbeitszeitmodell entscheiden, war den meisten fremd. Die Mitarbeiter waren an der Grenze zur Überforderung, als man sie aufforderte, sich über Regeln hinwegzusetzen, wenn es die Situation im Sinne von Kundenorientierung erforderlich macht. Das Projekt brachte Bewegung in die Organisation und Führung, aber der Weg zu einem »modernen Dienstleistungsunternehmen« ist noch steinig.
>
> Der Terminus »modernes Dienstleistungsunternehmen« ist im Rahmen dieses Veränderungsprojekts völlig unreflektiert verwendet worden. Gemeint war eher eine Hinwendung zu mehr Verständnis und Aufgeschlossenheit gegenüber denen, die uns bezahlen und für die wir da sein sollen. Wie auch in Profitorganisationen handelt es sich eher um ein Modewort oder gar ein Unwort. Weder Dienen noch Leisten stehen da wie dort im Vordergrund und der Unterschied zwischen einem Unternehmen und einer Körperschaft öffentlichen Rechts war den Wenigsten bewusst.

Insgesamt sind mit dem Projekt die angestrebten Ziele weitgehend erreicht worden. Ausschlaggebend dafür war das große persönliche

Interesse des HGF und noch mehr das seines Stellvertreters, sich für die bevorstehende Fusion zu profilieren. Zusammen mit den externen Beratern und Trainern haben diese beiden Personen immer wieder Energie in das Projekt gepumpt und es so letztendlich zum Erfolg geführt, für sich und für die Organisation.

Die Vermischung von persönlichen und institutionellen Interessen ist hier positiv zu werten.

Sachzwänge allein motivieren Menschen nicht ausreichend. Gewohntes und Vertrautes aufzugeben lohnt sich nur dann, wenn ein anderes lohnendes Ziel vorhanden ist.

Hier sind Organisationen, deren oberste Maxime nicht der Profit ist, im Vorteil. Solange auch persönlicher Nutzen der übergeordneten »guten Sache« dient, ist das ethisch einwandfrei.

In einem Wirtschaftsunternehmen wird die Vermischung von Interessen schnell in die Nähe von Bereicherung und Vorteilnahme gerückt. Oft ist es so, dass der Erfolg des Unternehmens sich direkt pekuniär bei den Verantwortlichen niederschlägt. Bei diesem Projekt war der Vorteil der Personen ein Abfallprodukt und zugleich ein starkes Motiv der Organisationsentwicklung, aber ohne finanzielle Vorteile für die Einzelnen.

Es ging den Menschen nicht primär um Profit für sich und für die Organisation. Sie fühlen sich ihrem übergeordneten Auftrag verpflichtet und arbeiten für eine »gute Sache«, beauftragt und legitimiert vom Staat. Das Selbstverständnis lautet: »An unserer Arbeit kann nichts falsch sein, das Solidarprinzip ist ethisch einwandfrei und sorgt mit für den sozialen Frieden. Es lohnt sich, Menschen vor Schäden an Leib und Leben zu bewahren und denen, die dennoch Schaden genommen haben, helfend zur Seite zu stehen.« Solange diese Werte nicht angetastet werden, sind die von den Veränderungen Betroffenen Menschen eher bereit, sich auf anderes einzulassen. Erst wenn an diesen Grundfesten der Werte gerüttelt wird, gehen die Betroffenen in den Widerstand, kündigen innerlich oder verlassen die Organisation.

Bei dem beschriebenen Projekt »Kundenorientierung« waren die Voraussetzungen günstig. Es ging darum, die »gute Sache« besser zu machen. Das hat die meisten Mitarbeiter und Mitarbeiterinnen motiviert, die inneren Widerstände zu überwinden und sich auf verändertes Verhalten einzulassen.

Projektmanagement in der katholischen Kirche

Große Freiräume im Rahmen der Werte

Die Organisation

Eine deutsche Diözese der Katholischen Kirche mit einem bischöflichen Ordinariat als Organisationseinheit ist der Rahmen dieses Falls. Wie in vielen Organisationen üblich, gibt es neben der formalen Organisation, die sich im Organigramm abbildet, eine informelle Struktur. In der kirchlichen Arbeit ist eine Besonderheit die sehr große Anzahl ehrenamtlicher Mitarbeiter, die einen großen Teil der Gemeindearbeit überhaupt ermöglichen. Diese ehrenamtliche Arbeit vor Ort wird überwiegend von Frauen geleistet. Daraus ergeben sich besondere Herausforderungen bei der Planung und Durchführung größerer Aktionen und Projekte. Die Frage der »Führung ohne Weisungsmacht« zieht sich wie ein roter Faden durch diesen Fall, ist typisch für viele NPO und stellt einen deutlichen Unterschied zu Profitorganisationen dar.

Eine weitere Dimension der Machtverteilung in der Organisation ist die formale Möglichkeit der Einflussnahme auf das Geschehen. Ausgehend von Rom gibt es ein streng hierarchisches System vom Papst hinunter bis zum Priester in der Gemeinde. Veränderungen grundsätzlicher Natur dürfen nur von oben nach unten eingeleitet werden. Die Initiative nachgeordneter Hierarchieebenen mit Wirkung nach oben ist im System Kirche nicht vorgesehen. Und bis heute sind alle Schlüsselpositionen in der Hierarchie mit Geweihten besetzt, also Männern, die eine Priesterweihe erfahren haben und zölibatär leben.

Daneben gibt es in der Organisation eine Vielzahl von theologisch, aber auch musikalisch und philosophisch ausgebildeten Mitarbeitern, die nur begrenzten Einfluss haben und auch in ihren Karrieremöglichkeiten beschränkt sind. Bei genauerer Betrachtung ergibt sich daraus eine dreigeteilte Machtstruktur, bestehend aus Priestern, hauptamtlichen Mitarbeitern und ehrenamtlichen Kräften, die immer wieder zu Konflikten führt.

Das Modell der »Quereinsteiger«, wie wir es in Wirtschaftsunternehmen kennen, gibt es in der Kirche nicht. Menschen, die besondere Talente und Kenntnisse mitbringen und ideal für eine Aufgabe geeignet wären, aber nicht den definierten Voraussetzungen entsprechen, sind im System nicht vorgesehen. Damit entfällt auch die Chance der inneren Erneuerung durch Menschen mit anderem Erfahrungshintergrund.

Für die tägliche Arbeit in den Gemeinden ist es zunehmend schwieriger, ehrenamtliche Mitarbeiter zu gewinnen, die sich in ein hierarchisches System einfügen und engagiert mitarbeiten. Bei den ehrenamtlichen Mitarbeitern und besonders bei den Mitarbeiterinnen wird es immer dann schwierig in der Zusammenarbeit, wenn sie aus ihrem Arbeitskontext heraus liberale Modelle von Führung kennen und schätzen gelernt haben. Kirche unterliegt in diesem Vergleich und wirkt besonders unzeitgemäß.

Durch den großen Priestermangel werden immer mehr Aufgaben von hauptamtlichen theologischen Mitarbeitern, den Gemeinde- und Dekanatsreferenten, die nicht zölibatär leben, übernommen. Die aber sind in ihren Wirkungsmöglichkeiten begrenzt, weil bestimmte Aufgaben den Priestern allein vorbehalten sind. Die Sakramente dürfen nur von Priestern gereicht werden. Die Katholische Kirche hilft sich hier in Notsituationen mit dem »Import« von Priestern aus anderen Ländern, wie z. B. aus Polen, mit der Gewissheit, dass diese Mitarbeiter systemkonform sind und den Anreiz haben, in Deutschland eine bessere wirtschaftliche Situation für sich vorzufinden. Hier ist eine ungewollte Parallele zur Wirtschaft zu sehen, die Motive allerdings sind unterschiedlich.

Die tiefgreifenden Veränderungen im Umfeld der Kirche, die erheblichen Handlungsdruck erzeugen, eröffnen engagierten Mitarbeitern ein weites Aktionsfeld. Professionelles Projektmanagement kann hier zu einer Balance zwischen Struktur und Freiraum beitragen und Kompetenzgerangel entschärfen. Es können große Freiräume entstehen, solange das System mit seinen Normen und Werten nicht infrage gestellt wird. Bei geeigneter Argumentation im Sinne des kirchlichen Auftrags lässt man engagierte Mitarbeiter machen und stellt auch Ressourcen zur Verfügung.

Die Ausgangslage des Projektes

Auch die Katholische Kirche bleibt nicht verschont von Auswirkungen gesellschaftlicher und sozialer Veränderungen. Mindereinnahmen durch geringeres Kirchensteueraufkommen und nachlassende Spendenbereitschaft gepaart mit Kirchenaustritten lassen die finanzielle Decke immer kürzer werden. Schwierig nach außen zu vertretende ethische und moralische Positionen und mangelnde innere Geschlossenheit schwächen die gesellschaftliche Position der Institution Kirche. Missbrauchsskandale in kirchlichen Einrichtungen schädigen das Ansehen und die Glaubwürdigkeit. Diese und andere Gründe mehr zwingen dazu, mit finanziellen und personellen Ressourcen besser zu haushalten.

Zwei engagierte Mitarbeiter der Fortbildungsabteilung haben die allgemeine Lage genutzt und durch ein Fortbildungsprojekt, über ihren Einflussbereich hinaus, auf Strukturen und Prozesse innerhalb der Organisation Einfluss genommen.

Wie Veränderungsprozesse gestaltet werden können, wie Widerstand zu handhaben ist und wie die Werkzeuge für effektives Ressourcenmanagement auszusehen haben, das kann man am besten in der freien Wirtschaft lernen. Also fiel die Entscheidung, mit externen Beratern und Trainern zusammenzuarbeiten, die aus der freien Wirtschaft kommen, aber Erfahrung im Umgang mit NPO haben. Durch eine genaue Nachfrage haben die Auftraggeber sich vergewissert, dass die Berater sich christlichen Grundwerten verpflichtet fühlen und einer christlichen Religionsgemeinschaft angehören.

Ziele des Projektes

Offiziell war es ein reines Fortbildungsprojekt. Bei genauerer Betrachtung ging es um deutlich mehr. Definiertes Ziel war die Vermittlung von Kompetenzen im professionellen Projektmanagement, besonders bei Veränderungsprojekten und Maßnahmen, die Kooperation über die Grenzen der einzelnen Gemeinde hinaus erforderten. Zielgruppe waren engagierte hauptamtliche Mitarbeiter in unterschiedlichsten Funktionen. Diese Mitarbeiter sollten qualifiziert und zu aktiver Gestaltung kirchlicher Arbeit motiviert werden. Der Titel »Projektmanagement« wurde auch gewählt, weil damit der Wunsch verbunden war, die Dinge gezielt zu verbessern und größere Veränderungen professionell zu handhaben. Der externe Vorschlag, die Maßnahme »Changemanagement« zu betiteln, wurde verworfen, weil damit der Anstoß zu ungewollten Veränderungen assoziiert wurde – und das auch noch von unten. Allein der Umgang mit diesen beiden Begriffen macht einen großen Unterschied zur Wirtschaft deutlich.

Bei den ausgewählten Teilnehmern handelte es sich um eine handverlesene Gruppe von Mitarbeitern, für die eine Teilnahme als Belohnung und weiterer Anreiz gedacht war. Diese Menschen waren durch ihr Engagement und ihren konstruktiven Umgang mit Freiräumen positiv aufgefallen. Die Zusammensetzung der Gruppe wurde bewusst heterogen gewählt – mehrere Priester, ein Weihbischof, Kirchenmusiker, ein Diakon und ein Missionar sowie zwei Mitarbeiter des Personalwesens und einige Pastoralreferenten. Insgesamt 20 Teilnehmer, 17 Männer und drei Frauen, sozusagen ein kooperatives Netzwerk unterschiedlicher Funktionen und Positionen, das auch über die Dauer dieser Ausbildung hinaus funktionsfähig bleiben sollte. Ein besonderes Anliegen war die Belebung der Kooperation einzelner Gemeinden innerhalb eines Dekanats.

Das Projekt hatte durch die Zusammenarbeit mit externen, kirchenfremden Beratern und Trainern einen besonderen Status. Es war erklärte Absicht, Know-how von Profit-Organisationen zu nutzen und damit den eigenen Horizont zu erweitern. Ein besonderer Reiz für alle Beteiligten lag in der kritischen Auseinandersetzung mit den unterschiedlichen Modellen von Arbeit, Organisation und Führung und den darunter liegenden Werten und Normen. Die externen Referenten mit ihren Erfahrungen aus dem Profit- aber auch aus dem Non-Profit-Bereich sollten zur Attraktivität des Projektes beitragen.

Zusammenfassend lässt sich sagen, dass das verdeckte Ziel des Projektes die Modernisierung und Verbesserung der Wettbewerbsfähigkeit der Gemeinden im Kampf um kirchliche Klientel war. Durch die Auswahl der Teilnehmer sollte eine größere Nutzung der informellen Freiräume angestoßen werden, unterstützt durch zusätzliches Know-how. Durch die Verpflichtung zu einem konkreten Praxisprojekt während der Laufzeit der Ausbildung sollten viele Veränderungen eingeleitet und professionell begleitet werden.

Das Projekt

Die Konzeptionsphase des Projektes dauerte etwa ein Jahr. Diese relativ lange Zeit kam zustande durch die sehr langfristige Haushaltsplanung der Kirche und durch die langen Entscheidungswege innerhalb der Institution. Außerdem wird das Fortbildungsprogramm mit einem langen Vorlauf veröffentlicht, um den potenziellen Teilnehmern einen genügend langen Planungshorizont zu geben.

Für die Planung der konkreten Termine mussten die »Konjunkturschwankungen«, bedingt durch hohe kirchliche Feiertage innerhalb des Kirchenjahres, berücksichtigt werden. So ergab sich eine Gesamtlaufzeit von drei Jahren, beginnend mit den ersten konzeptionellen Gesprächen und endend mit dem letzen Transfertag als formalem Abschluss des Projektes. Das Projekt lief in den folgenden Schritten ab:

1. Informationstag
Alle potenziellen Teilnehmer, also all die, von denen man engagierte Mitarbeit erwarten konnte, wurden zu einem Informationstag eingela-

den. Die etwa 30 Menschen wurden an diesem Tag über das Programm informiert und auch in die informellen Ziele eingeweiht. Die meisten Teilnehmer begriffen sofort die Chance, die dieses Projekt über den Lernerfolg hinaus bot, und waren sehr interessiert. Die Limitierung auf 20 Plätze löste einen sanften Entscheidungsdruck aus. Innerhalb von sechs Wochen mussten sich die Teilnehmer anmelden.

Die Trainer für die einzelnen Bausteine stellten sich vor und konnten von den Teilnehmern »beschnuppert« werden. So ließen sich einige Bedenken gegen die Leute aus der Wirtschaft ausräumen, zumal es nicht nur um Training, sondern auch um Einzelsupervision für alle Beteiligten ging. Die Wahlmöglichkeit zwischen verschiedenen Supervisoren wurde von den Teilnehmenden positiv bewertet.

Über die Verpflichtung zu einem Praxisprojekt stöhnten einige und versuchten, sich hier eine Hintertür offenzuhalten.

2. Die Bausteine der Fortbildung

Das Fortbildungsprogramm »Projektmanagement« hatte insgesamt sieben Bausteine, zu denen sich die gesamte Gruppe zusammenfand – fünf Seminare und zwei Workshops. Der Abstand zwischen den einzelnen Maßnahmen betrug drei bis vier Monate. Zum zweiten Baustein sollten die Teilnehmer eine Idee für ein Praxisprojekt mitbringen.

Die Bausteine:

Titel der Maßnahme	Dauer
Seminar Moderation und Leitung	4 Tage
Seminar Selbst- und Projektmanagement	4 Tage
Seminar Dynamik von Institutionen	3 Tage
Seminar Kommunikation, Kooperation, Konflikt	3 Tage
Workshop Gruppensupervision	1 Tag
Seminar Projekt als Prozess	4 Tage
Workshop Praxistransfer	1 Tag

Alle Seminare und Workshops wurden von zwei Trainern oder Moderatoren durchgeführt. Ein Trainer betreute die Gruppe über alle Maßnahmen hinweg, ein zweiter Spezialist zum jeweiligen Thema kam zu jedem Baustein dazu.

Die Seminare und Workshops fanden alle in kirchlichen Tagungsstätten und Klöstern statt. Zum Rahmen gehörte die Teilnahme an morgendlichen Andachten und die Möglichkeit zu kontemplativem Rückzug.

Die Organisatorische Betreuung wurde von einem Mitarbeiter der Fortbildungsabteilung übernommen, der selbst auch teilnahm.

Die Praxisprojekte

Die Praxisprojekte der Teilnehmer wurden in allen Seminaren thematisiert – speziell in den beiden Workshops. So wurde der direkte Bezug der Seminarthemen zur Wirklichkeit der Teilnehmer in ihrer täglichen Arbeit hergestellt. Hier ein paar Beispiele für Projekte, die durch diese Maßnahme entstanden sind:

- Aufbau einer Notfallseelsorge, die bei Katastrophen und Unglücksfällen Betreuung und Begleitung für die Betroffenen anbietet.
- Entwicklung eines Handbuchs zur Gestaltung von Projekten im kirchlichen Umfeld.
- Kirchenmusik als Anreiz für Kirchenbesuch

Die meisten dieser Projekte wurden im Laufe der Fortbildung abgeschlossen. Den Teilnehmern wurde klar, welche Gestaltungsspielräume möglich sind und wie viel Einfluss sie innerhalb der Institution Kirche gewinnen können, wenn sie die Spielräume nutzen. Es wurde aber auch deutlich, wie oft Regeln und Grenzen als willkommene Entschuldigung für mangelnde eigene Initiative dienten.

Der Vergleich mit Profit-Organisationen war bei der Projektarbeit sehr nützlich. Der Verdacht, in der freien Wirtschaft sei alles besser, konnte schnell ausgeräumt werden. In einem Projekt wurde ein Handbuch zum Projektmanagement für die kirchliche Arbeit entwickelt, das aber mehr Empfehlungscharakter hatte und keine verbindliche Anweisung wurde. Ganz anders als in der Wirtschaft, wo es ausgefeilte Projektmanagementsysteme gibt, die strikt einzuhalten sind. Ein weiterer Unterschied zeigte sich im Zwang zum Erfolg, der in Profit-Organisationen immer gegeben ist und zwar nachweisbar in Daten und Fakten. Anders ist es in der Kirche, wo es oft sogar verpönt ist, über Geld und Erfolg offen zu reden. Das führt allerdings dazu, dass ausbleibender Erfolg und Verfehlung der Ziele keine negativen Konsequenzen für die Verantwortlichen haben. Hier wird bildlich gesprochen der Mantel der Nächstenliebe über Fehler und Minderleistungen gedeckt. Diese Erkenntnis wirkt einerseits entlastend für die Teilnehmer, aber auch frustrierend, weil Erfolg und Leistung nicht gebührend gewürdigt werden. Monetäre Anerkennung ehrenamtlich Tätiger ist kaum möglich. Man kann in diesem System fast ausschließlich über Lob und Anerkennung motivieren. Andererseits ist Bescheidenheit und Demut ein hoher Wert, der es den Menschen nicht leicht macht, offen ausgesprochene Anerkennung anzunehmen. Ein Dilemma, das schwer aufzulösen ist.

Die Einzelsupervision

Die Einzelsupervision wurde von den Teilnehmern gut angenommen. Die Arbeitsthemen in der Supervision bezogen sich in der Hauptsache auf die Projektarbeit und auf das eigene Rollenverständnis. Jedes Seminar hatte eine Teilrolle des Projektmanagers zum Thema.

Im Rahmen des Informationstages wurde abgefragt, in wie weit die einzelnen Teilnehmer mit diesen Rollen vertraut sind. Das Ergebnis dieser Abfrage spiegelte deutlich den Klärungsbedarf zum eigen Rollenverständnis wieder. Auf einer Skala von 0 bis 10 wurde abgefragt, wie hoch die Vertrautheit mit folgenden Rollen sei:

- Moderator von Gruppen: 6,8
- Prozessbegleiter bei Veränderungen: 4,4
- Manager der kirchlichen Arbeit: 8,0
- Coach von Einzelnen und Teams: 4,0
- Mediator bei Konflikten: 5,0
- Organisationsentwickler: 1,8

Gerade im Kontext der Supervision fiel auf, wie wenig sich die Teilnehmer Veränderung der Institution Kirche vorstellen konnten. Die daraus resultierende Notwendigkeit professioneller Begleitung von Veränderungsprozessen wurde ebenfalls sehr deutlich.

Ein immer wiederkehrendes Thema in der Supervision war auch die Führung ohne Weisungsmacht oder anders formuliert: »Wie kann ich gestaltend einwirken ohne mit formaler Macht ausgestattet zu sein?« Dabei erkannten die Teilnehmer, dass die Grenzen fließend sind und bei Weitem nicht so eng wie oft angenommen. Hier ein typischer Dialog aus der Supervision:

»Was passiert, wenn Sie diese Regel verletzen oder diese Grenze überschreiten?«
   »Ich muss mich verantworten«
»Was passiert da konkret?«
   »Ich muss erklären, warum ich mich so verhalten habe oder so entschieden habe«
»Und wenn Sie eine sinnfällige Erklärung haben, was passiert dann?«
   »Eigentlich nichts, es sei denn, ich habe Mist gemacht«
»Was hindert Sie also daran, Grenzen zu überschreiten oder Regeln außer Kraft zu setzen?«
   »Ich bin dann ganz alleine verantwortlich für das, was passiert, und das ist ganz schön hart. Ich weiß gar nicht, ob ich das wirklich will.«

»*Aber möglich wäre es, Grenzen zu überschreiten ohne negative Auswirkungen für Sie?*«
»*Ja. So deutlich war mir das nicht bewusst. Ich müsste mich nur entscheiden, alleine die Verantwortung zu tragen. Sich an die Regeln zu halten, ist viel bequemer*«

Wie im kirchlichen und sozialen Bereich üblich, war Supervision für die Teilnehmer nichts grundsätzlich Neues. Einige hatten bereits eine Ausbildung als Berater durchlaufen und waren mit den Regularien von Einzelberatung vertraut. Dieser Umstand führte zu guter Akzeptanz dieser begleitenden Beratung. Auch hier ein deutlicher Unterschied zu Profit-Organisationen, in denen die Inanspruchnahme von Einzelberatung, heute meistens als Coaching bezeichnet, immer noch als Zeichen von Schwäche gewertet wird.

Kritische Würdigung des Projektes

Nach Einschätzung der Initiatoren des Projektes und auch aus Sicht der Teilnehmer an dieser zweijährigen »Fortbildungsmaßnahme« war das Projekt erfolgreich. Erfolg aus Sicht der Initiatoren hieß hier Kontinuität der Teilnahme, Anzahl und Erfolg der Praxisprojekte, Akzeptanz der Maßnahme aller Beteiligten, der Leitung sowie die positiven Rückmeldungen der Teilnehmer und der externen Berater.

Die formalen Ziele der Fortbildung, nämlich Veränderungsprojekte zu professionalisieren, ein Netzwerk kooperierender Mitarbeiter zu installieren und die Teilnehmer zu motivieren, Freiräume zu nutzen, wurden erreicht. Es darf allerdings bezweifelt werden, ob eine über das hier gebildete Netzwerk hinausgehende Kooperation zwischen einzelnen Gemeinden und Dekanaten zustande kommt. Unter Kooperationsgesichtspunkten zeigte sich, dass sich eine heterogene Gruppe von Teilnehmern über unterschiedliche Funktionen und Hierarchieebenen hinweg bewährt. Bei ähnlichen Folgeprojekten wurde diese Art der Zusammensetzung wieder gewählt.

Der Transfer von Know-how aus der Wirtschaft hinein in die kirchliche Arbeit hat zum Teil stattgefunden. Überall dort, wo Techniken, Methoden und Verhaltensweisen nicht mit den Werten und Normen der Teilnehmer und ihres Systems Kirche vereinbar erschienen, entstanden ausgiebige Diskussionen. Oft hatten diese Diskussionen folgenden Tenor: »Wir sind die guten Menschen, was wir tun ist ethisch einwandfrei und wir leisten einen wichtigen Beitrag zu unserer Gesellschaft«. Bei Fragen des Umgangs mit Ressourcen, der Notwendigkeit von Zielerreichung und der Bedeutung von Erfolg tat sich häufig eine Diskrepanz zwischen intellektueller Einsicht und emotionaler Bewertung auf. Über Geld zu reden, es zu einem wichtigen Thema zu machen, ist mit einem Tabu belegt. Andererseits ist dieses Thema bei schrumpfenden Mitteln von existenzieller Bedeutung. Über Erfolge zu reden, mit Stolz davon zu berichten und so auch alle Beteiligten zu motivieren, wird selten praktiziert, obwohl die Einsicht da ist, dass positive Verstärkung durch Anerkennung sehr wirkungsvoll ist. Im kirchlichen Wertesystem ist Bescheidenheit eine Tugend und Stolz eine Untugend, vielleicht sogar eine Sünde. An diesen beiden Beispielen wird deutlich, wie sehr an manchen Stellen wirtschaftlichem Denken und Handeln Grenzen gesetzt sind. In diesem Projekt ist es gelungen, diese Unterschiede transparent zu machen und auch zu respektieren. Damit wurde für die Teilnehmer der Weg geebnet, situativ wirtschaftliches Instrumentarium gezielt einzusetzen, ohne ein schlechtes Gewissen zu haben. Andererseits hat das Bewusstsein für das berechtigte Anderssein der eigenen Organisation die Akzeptanz und Identifikation mit den eigenen Aufgaben gefördert. Sich selbst und den vielen ehrenamtlichen Mitarbeitern Erfolg zu gestatten und ihn sogar zu feiern, wurde als zentrale Größe der Motivation erkannt.

Freiräume zu nutzen und Veränderungen einzuleiten, die Kirche attraktiver zu machen, war ein Sekundärziel des Projektes. Grundlage zur Erreichung dieses Ziels war die Verpflichtung aller Beteiligten zu einem Praxisprojekt. Dieser Verpflichtung ist nur ein Teilnehmer nicht nachgekommen. Alle anderen haben ihr Projekt während der Ausbildung gestartet oder ein bereits begonnenes Projekt eingebracht und begleiten lassen. Dabei war es immer wieder überraschend, was im Rahmen des kirchlichen Regelwerks alles möglich ist. Diese Erfahrung hatte zur Folge, dass die Teilnehmer in hohem Maße auf ihre Eigenverantwortung zurückgeworfen wurden. Die willkommene Ausrede »das geht bei uns nicht« hat viel von ihrer Wirkung verloren. Auch hier war der Vergleich mit Profit-Organisationen sehr nützlich, denn es wurde deutlich, um wie viel größer die Freiräume in der kirchlichen Arbeit sind und wie viel der Einzelne gestalten kann, wenn er will.

Zusammenfassend lässt sich sagen, dass die Ziele des Projekts weitgehend erreicht wurden. Obwohl es sich um ein veränderungsorientiertes Projekt handelt, wurde die Organisation aber in ihrer Identität in keiner Weise infrage gestellt. Die wertebasierten Grundfesten des Systems blieben unangetastet. Mögliche Veränderungen wurden im Rahmen der gegebenen Spielräume angegangen. Die meisten beteiligten Menschen wurden durch diese Maßnahme gestärkt und motiviert, das Mögliche zu versuchen. Einige waren unzufrieden, weil sie mit der eigenen Begrenztheit konfrontiert wurden. Aber auch darin liegt die Chance, weniger zu wollen, aber das dann zu erreichen.

In der Einzelsupervision zeigte sich die enge Bindung der Mitarbeiter an das System Kirche. Die Entscheidung, sich in den Dienst der Kirche zu stellen, wurde meistens in jungen Jahren aufgrund starker Einflüsse aus der Ursprungsfamilie getroffen. Diese enge Bindung macht den Gedanken an ein Verlassen des Systems fast undenkbar. Den Sinn einer Tätigkeit außerhalb dieses Systems können die Mitarbeiter kaum erkennen. Dieser deutliche Unterschied zu Profit-Organisationen führt dazu, dass es kaum Fluktuation der Mitarbeiter gibt. Daraus ergibt sich, dass man auch bei Veränderungen immer mit der »vorhandenen Mannschaft« leben muss. Es ist von überragender Bedeutung, die persönlichen Ressourcen dieser Mitarbeiter zu nutzen. Andere gibt es nicht.

Planung eines sozialpädagogischen Ausbildungszentrums SPAZ

Vorbemerkung

Dieser Fall zeigt in besonderer Weise die Verflechtung einer Non-Profit-Organisation in ihrer ganzen Komplexität. Die Ausbildung von Erzieherinnen an einer Berufsschule soll optimiert werden. Auf den ersten Blick ein überschaubares Projekt, bei dem es um inhaltliche Fragen und die Verbesserung der räumlichen Gegebenheiten geht. Bei genauerer Betrachtung stellt sich heraus, dass es eine Vielzahl von unterschiedlichen Interessen und Abhängigkeiten gibt. Um dieses Projekt erfolgreich zu gestalten, müssen all diese Aspekte und die dahinter stehenden Personen in die Planung miteinbezogen werden.

Dieser Fall wurde auch deshalb ausgewählt, weil er ein positives Beispiel für eine konstruktive Zusammenarbeit zwischen Profit- und Non-Profit-Organisationen ist.

Ausgangslage

Eine Schule, umgangssprachlich Berufsschule genannt, in einer Stadt mit etwa 100.000 Einwohnern in einem Ballungsraum gelegen, bildet Erzieherinnen und Erzieher aus. Diese Ausbildung ist nur eine von vielen Ausbildungsgängen, denn diese Schule ist eine Berufs-, Berufsfach-, Höhere Berufsfach- und Fachoberschule unter einem Dach. Sehr viele unterschiedliche Ausbildungsgänge zu einer Vielzahl von Berufen treffen hier aufeinander. Einerseits Handwerksberufe wie Friseure, Maurer, Bäcker und Floristen und andererseits sozialpädagogische Berufe wie Sozialassistentinnen und Erzieherinnen. Im praktischen Lehrbetrieb hat sich herausgestellt, dass diese sehr unterschiedlichen Ausbildungsgänge unter einem Dach schwer miteinander vereinbar sind. Besonders die Anforderungen an die Räumlichkeiten, in denen gelehrt und gelernt wird, unterscheiden sich deutlich voneinander. Diese Unterschiede führen immer wieder zu Konflikten zwischen dem Lehrpersonal und zu geringer gegenseitiger Akzeptanz zwischen den Schülern und Studierenden. Um diese schwierige Situation zu entschärfen, wurden die sozialpädagogischen Ausbildungsgänge zum Teil in separaten Kellerräumen untergebracht. Diese provisorische Lösung war ein unhaltbarer Zustand. Eine Veränderung war dringend notwendig und damit der Beginn und Auslöser für weitergehende konzeptionelle Überlegungen im sozialpädagogischen Bereich dieser Berufsschule. Die Leiterin dieses Bereichs bekam von der Schulleitung den Auftrag, ein Konzept für das Sozialpädagogische Ausbildungszentrum, kurz SPAZ genannt, zu entwickeln.

Kontext und Lage verschiedener Interessen

Dieser zunächst einfach anmutende Auftrag an die Leiterin der Abteilung für sozialpädagogische Ausbildung löste eine nicht zu vermutende Dynamik im sozialen und wirtschaftlichen Umfeld der Kommunen aus. Die Schulleitung, selbst politisch aktiv und gut vernetzt, warb immer wieder für die Verbesserung der Rahmenbedingungen in ihrer Schule und lenkte so die Aufmerksamkeit vieler Personen und Institutionen auf die Ausbildung der Erzieherinnen.

Die Leiterin der kommunalen Kindertagesstätten, direkt dem Dezernenten der Kommune unterstellt, meldete deutliches Interesse und den Wunsch nach Mitwirkung bei der Konzeption an. Sie hatte in der Vergangenheit immer wieder die Qualität der Ausbildung bemängelt. Die Vermutung lag nahe, dass Erzieherinnen, die an dieser Schule ausgebildet wurden, in der eigenen Kommune ungern eingestellt wurden. Das Interesse an Mitwirkung wurde formal mit dem Wunsch nach möglichst gut qualifizierten Erzieherinnen begründet. Vermutlich gab es darüber hinaus den Wunsch nach persönlicher Einflussnahme und Profilierung.

Der Landkreis, in dem diese Kommune liegt und der in seiner Kreisstadt selbst Erzieherinnen ausbildet, wurde ebenfalls aufmerksam und zeigte Interesse an einer Mitwirkung. Hier lag das Interesse in einer sinnvollen Koordination der Aktivitäten in der Kommune und im Landkreis. Außerdem spielte hier der Konkurrenzgedanke eine nicht unerhebliche Rolle.

Die freien und kirchlichen Träger von Kindertagesstätten, kurz KITAs, fühlten sich gleichermaßen angesprochen und bekundeten Interesse an diesem Projekt. In dieser Gruppe lag das Augenmerk besonders auf dem pädagogischen Konzept. Welche pädagogischen Schwerpunkte werden künftig gesetzt und inwieweit sind wir als Träger vor Ort dazu in der Lage, diese Konzepte umzusetzen? Hier gab es die berechtigte Befürchtung, dass junge Erzieherinnen schnell unzufrieden werden, wenn sie das Gelernte nicht anwenden können. Wenn hier keine Übereinstimmung vorhanden ist, wirkt sich das auf die Praktika in den KITAs und auf die spätere Wahl des Trägers, bei dem gearbeitet wird, aus.

Eine weitere Organisation, die sich zu Wort gemeldete hatte, war OLOV, »Optimierung der lokalen Vermittlungsarbeit bei der Schaffung und Besetzung von Ausbildungsplätzen«, eine hessische Initiative zur Verbesserung der Übergänge von Schule zum Beruf. Hier war das Interesse, dabei zu sein, informiert zu sein und die eigene Perspektive und bereits vorhandene Erfahrungen einzubringen. Die besonderen schulischen Voraussetzungen für die Ausbildung zur Erzieherin spielten hier eine besondere Rolle.

Ein »Mitspieler«, mit dem niemand gerechnet hatte, trat unverhofft auf den Plan. Eine Stiftung eines bedeutenden Wirtschaftsunternehmens, das in der Kommune ansässig ist. Das Ziel und der Auftrag dieser Stiftung ist die anspruchsvolle Betreuung und Förderung von Kindern, Jugendlichen und Senioren im Zusammenarbeit mit der evangelisch-reformierten Kirche in dieser Kommune. Diese Kirchengemeinde ist außerdem auch Träger eine KITA. Diese Stiftung zeigte sich bereit, den Prozess der Konzeption und Planung eines sozialpädagogischen Ausbildungszentrums finanziell zu unterstützen. Diese Form der Unterstützung sollte im ersten Schritt die professionelle Beratung der Schulleitung und der Abteilungsleitung sein, um dieses Projekt zum Erfolg zu führen. Die Interessen dieser Stiftung und des dahinter stehenden Unternehmens waren vielschichtig. Die Stiftung betreibt selbst zwei Kindergärten in der Kommune und ist an qualifizierten Erzieherinnen aus dem direkten Umfeld sehr interessiert. Für das Unternehmen ist ein attraktives soziales Umfeld im Hinblick auf die Rekrutierung von qualifizierten Mitarbeiterinnen und Mitarbeitern von Bedeutung. Hier spielen einerseits Kindergärten mit guter Reputation eine wichtige Rolle, aber auch eine Berufsschule, die ein zeitgemäßes Ausbildungsangebot vorweist. Im Hinblick auf den demografischen Wandel und die damit verbundenen künftigen Schwierigkeiten, gute Mitarbeiter zu finden, ist dieses Engagement in der sozialpädagogischen Ausbildung unter langfristigen Aspekten zu verstehen. Neben diesen im weitesten Sinne wirtschaftlichen Interessen ist es in der Tradition dieses Unternehmens und seiner Stiftungen verankert, sich in den Bereichen Soziales, Bildung und Wohlfahrt zu engagieren.

Die Berufsschule als Organisation

Diese Schule gliedert sich organisatorisch in drei pädagogische Abteilungen und die Verwaltung. Eine der Abteilungen ist die sozialpädagogische mit der Ausbildung zur Sozialassistentin und zur Erzieherin.

Die Leiterin der Schule versteht sich als Managerin dieser Organisation und ist Veränderungen gegenüber sehr aufgeschlossen. Daraus folgt eine Vielzahl von Projekten, die dieser Schule einen progressiven Charakter geben. Sie ist z. B. »Modellschule für Selbstverantwortung plus«, hat ein Leitbild, hat den deutschen Lehrerpreis gewonnen und betreibt aktiv die Inklusion.

Die inklusive Pädagogik ist ein neuerer internationaler Ansatz in der Pädagogik, der sich auf die Menschenrechte bezieht und fordert, dass eine Schule für alle konzipiert sein muss und in ihr niemand ausgesondert werden darf. Dieser Ansatz ist bedeutungsvoll für die Ausbildung von Erzieherinnen, die künftig selbst in Kindergärten arbeiten können, die nach dem Konzept der Inklusion arbeiten.

Das Leitbild ist ebenfalls von Bedeutung für die Konzeption des sozialpädagogischen Ausbildungszentrums und sieht wie folgt aus:

1. Wir pflegen einen wertschätzenden konstruktiven Umgang miteinander.
2. Wir gestalten eine lern- und lebensfreundliche Schule für die Schulgemeinde.
3. Wir sehen die Verschiedenheit der Mitglieder der Schulgemeinde als Normalität und nutzten die sich daraus ergebende Vielfalt als Chance, um uns weiter auf dem Weg zu einer inklusiven Schule zu begeben.
4. Wir fördern ein verantwortungsvolles Verhalten gegenüber Umwelt und Gesellschaft.
5. Die Vielfalt unseres Bildungsangebots zeichnet unsere Qualität aus.
6. Wir fördern das eigenverantwortliche lebensbegleitende Lernen
7. Wir bieten ganzheitliche Bildung an, deren Prozesse selbstgesteuert, kooperativ und nachhaltig sind.
8. Wir bieten verlässliche Zusammenarbeit mit allen Kooperationspartnern.
9. Wir betreiben systematische Weiterentwicklung der Qualität des Unterrichts.
10. Wir tragen gemeinsam die Verantwortung für Qualität von Schule, Unterricht und Verwaltung.

Diese Beispiele stehen stellvertretend für den progressiven Charakter dieser Berufsschule.

Das Projekt SPAZ

Die Schulleitung erteilte der Abteilungsleitung für den sozialpädagogischen Bereich den Auftrag, ein Konzept für ein sozialpädagogisches Ausbildungszentrum zu erstellen und dabei die Lehrerinnen und Lehrer aus diesem Bereich in die konzeptionellen Überlegungen mit einzubeziehen. Als zum vereinbarten Termin kein Konzeptpapier auf dem Tisch lag, fanden einige informelle Gespräche statt. Das Ergebnis war das Angebot der Stiftung an die Schulleitung und die Abteilungsleitung, Unterstützung in Form externer Beratung in Anspruch zu nehmen und diese Beratung zu finanzieren. Dieses Angebot wurde von der Schulleitung dankend angenommen, aber von der Abteilungsleitung skeptisch betrachtet. Die Abteilungsleitung befürchtete unangemessene Einmischung durch die Berater, akzeptierte dann aber auch die Unterstützung.

Der Leiter der Stiftung ging daraufhin auf ein Beratungsunternehmen zu, das ihm aus der Zusammenarbeit in einem anderen Kontext bereits bekannt war und erteilte einen Beratungsauftrag. Die Berater sollten dafür sorgen, dass ein tragfähiges, zukunftsweisendes Konzept entsteht. Dazu sollte die Einbindung aller Interessen gehören, die teilweise direkt, aber auch indirekt formuliert wurden. Die Motivation und die Zielsetzung der Stiftung wurden in einem Gespräch zwischen dem Geschäftsführer der Stiftung und dem externen Berater abgeklärt und der mögliche zeitliche und finanzielle Rahmen der Beratung abgesteckt. Die Berater hatten Gelegenheit zu prüfen, ob die notwendigen Ressourcen für dieses Projekt vorhanden sind. Die benannten Ziele der Stiftung und der dahinterstehenden Unternehmerfamilie waren vielfältig. Als oberstes Ziel wurde die Absicht zu sozialem Engagement im direkten Umfeld des Unternehmens deutlich, verbunden mit dem persönlichen Interesse eines einzelnen Familienmitglieds am Thema Bildung. Daraus abgeleitet sollte dieses Projekt einen Beitrag zur Steigerung der Attraktivität der Kommunen leisten. In der Zukunft würde das Unternehmen nur noch dann hoch qualifizierte Spezialisten und Führungskräfte für sich rekrutieren können, wenn das soziale Umfeld attraktiv ist. Eine unternehmensinterne Untersuchung hatte ergeben, dass nur wenige Spezialisten und Führungskräfte in der Kommune lebten. Die Mehrzahl hatte sich entweder im ländlich geprägten Hinterland oder in der nächsten Großstadt niedergelassen.

Indirekt sollte dieses Projekt dazu beitragen, sehr gut ausgebildete Erzieherinnen und Erzieher im direkten Umfeld zu haben und damit besonders für Familien und hochqualifizierte Frauen mit Kindern an Anziehungskraft zu gewinnen. Außerdem fühlte sich die Stiftung kompetent und damit auch berufen, hier Einfluss zu nehmen, weil sie selbst ein Familienzentrum und eine Kindertagesstätte betreibt. Darüber hinaus sollten die gut qualifizierten Erzieherinnen und Erzieher auch den öffentlichen und privaten Trägern von Kindertagesstätten zugeführt werden.

Um der Ausbildung zur Erzieherin und zum Erzieher zusätzliche Attraktivität zu verleihen, sollte es künftig eine Kooperation und Anbindung an eine Fachhochschule geben. Die Absolventen der Ausbildung sollten künftig die Chance haben, ihre Ausbildung mit einem sozialpädagogischen Studium fortzusetzen. Mit dieser Perspektive soll der Beruf des Erziehers auch für Männer interessanter werden, denn Männer sind in diesem Beruf bis heute Mangelware.

In einem Auftragsklärungsgespräch an der Berufsschule wurden die Ziele des Projekts seitens der Berufsschule und der Stiftung festgelegt. Beteiligt an diesem Gespräch waren die Schulleitung, der Geschäftsführer der Stiftung, die Abteilungsleiterin der sozialpädagogischen Ausbildung an der Berufsschule und der externe Berater. Zu diesem Zeitpunkt hatte die Abteilungsleiterin bereits konzeptionelle Überlegungen gemeinsam mit einigen Lehrern und Lehrerinnen angestellt und vorläufig zu Papier gebracht. Als Ergebnis wurde ein Projektauftrag mit zeitlich und organisatorisch abgestecktem Rahmen formuliert. Die Vorstellungen zu den Kommunikationslinien der Beteiligten untereinander und nach außen waren unterschiedlich. Es gab erhebliche Differenzen darüber, wer zu welchem Zeitpunkt worüber informiert wird. Das Interesse der Abteilungsleiterin ging in die Richtung zur Arbeit hinter verschlossenen

Türen bis zur Fertigstellung des gesamten Konzepts. Das Interesse des Geschäftsführers der Stiftung in die Richtung zur Offenlegung aller Informationen und Arbeitsschritte für alle direkt und indirekt involvierten Personen und Organisationen. Am Ende stand eine zögerliche Bereitschaft der Abteilungsleiterin zu einer transparenten Informationspolitik. Wie sich im weiteren Verlauf des Projektes zeigte, war das Bekenntnis zur Transparenz ein pures Lippenbekenntnis, das mit allerlei Ausreden immer wieder unterlaufen wurde.

Im nächsten Schritt führte der Berater mehrere ausführliche Gespräche mit der Abteilungsleiterin. Ziel war die Klärung des Standes der konzeptionellen Überlegungen und die konkrete Planung der weiterführenden Schritte. Es stellte sich heraus, dass die Abteilungsleiterin durch das unerwartet große Interesse von vielen Seiten unter erheblichen Qualitätsdruck geriet und glaubte, sich verteidigen zu müssen. Im Vordergrund ihres Konzeptes standen Überlegungen zur Verbesserung der Rahmenbedingungen für die Ausbildung. Das bisherige pädagogische Konzept sollte angereichert werden mit Angeboten an die Studierenden, die unter den gegebenen Rahmenbedingungen nicht möglich waren. Die Botschaft nach außen lautete: »Wir sind doch schon sehr gut, es liegt nur am Umfeld«, und etablierte sich als deutliche Verteidigungshaltung für das bestehende Konzept. Wie sich später herausstellte, hatte das bereits im Team erarbeitete Konzept ein gutes Niveau und bedurfte nur einiger Ergänzungen.

Durch die Fragen des Beraters wurde der sehr einseitige Fokus auf die Verbesserung der räumlichen Gegebenheiten schnell deutlich. Auch durch die konstruktive Würdigung des verbal beschriebenen pädagogischen Konzeptes war es nicht möglich, in dieser Phase etwas Schriftliches in die Hände zu bekommen. Der Berater setzte in dieser Phase auf ein Abschmelzen des Widerstandes und baute keinen zusätzlichen Druck auf, weil die Erfahrungen aus der Vergangenheit zeigten, dass die Abteilungsleiterin auf Stress mit längerer Erkrankung reagiert. Durch die Zusammenarbeit gelang es, ein Vertrauensverhältnis aufzubauen und dann einen Workshop zu planen, bei dem möglichst viele direkt und indirekt Betroffene mitwirkten. In Workshops sollte erkundet werden, welche Anforderungen an die Ausbildung von Erziehern und Erzieherinnen bei den Beteiligten bestehen. Diese Form der Beteiligung sollte zur Akzeptanz des Projektes auf breiter Basis beitragen.

Der Workshop fand außerhalb der Schule statt und war für die Dauer eines Tages angesetzt. Der Berater übernahm die Rolle des Moderators, steuerte den Arbeitsprozess und sorgte für die Visualisierung aller Beiträge. Der Workshop lief in den folgenden Schritten ab:

1. Begrüßung durch die Schulleitung
2. Information über den organisatorischen Rahmen und die geplanten Arbeitsthemen
3. Klärung der Erwartungen aller Teilnehmer
4. Positivrunde, in der reihum jeder Teilnehmer eine Rückmeldung darüber bekommt, was an ihm besonders geschätzt wird
5. Trance zur Einstimmung auf die dann folgende Ideensammlung für das künftige Sozialpädagogische Ausbildungszentrum
6. Moderation der Ideensammlung mit der Methode »Dynamic Facilitation«
7. Sichtung der Ideen und Vergabe von Prioritäten mit einer Mehrpunktabfrage
8. Diskussion der priorisierten Vorschläge
9. Maßnahmenplan erstellen zum weiteren Vorgehen mit zugeordneter Verantwortlichkeit und Termin der Fertigstellung
10. Abschließende Reflexion mit Bezug zu den anfangs geäußerten Erwartungen
11. Dank und Verabschiedung durch die Schulleitung

Bei der unterschiedlichen Interessenlage der Beteiligten war die Moderation durch einen neutralen Berater wichtig für den konstruktiven

Verlauf des Workshops und für ein greifbares Ergebnis. Die Methode »Dynamic Facilitation« zeigte sich als besonders gut geeignet, weil hier gleichzeitig ergänzende Herausforderungen, weiterführende Ideen und Vorschläge, aber auch Bedenken geäußert werden konnten. Dieses Verfahren ist gut geeignet bei hoher Komplexität des Problems und unterschiedlichen Interessen der Beteiligten. Widerstand wird hier konstruktiv kanalisiert, weil alle Beiträge Wertschätzung erfahren. Auch kritische Anmerkungen sind willkommen und werden als Beitrag mit positiver Absicht gewürdigt.

Mit dem Ergebnis waren die meisten Teilnehmer zufrieden und dadurch auch zur wohlwollenden Unterstützung des Projekts bereit.

Nach dem Workshop mussten die Ergebnisse und Anregungen verarbeitet und in das Konzept integriert werden. Dabei waren die an der Konzeption beteiligten Lehrer die treibende Kraft. Sie hatten im Workshop viel Bestätigung für ihre bereits geleistete Arbeit erfahren und waren sehr motiviert.

Zur praktischen Umsetzung des Projektes waren einige formale Schritte erforderlich. Ein wichtiger Schritt war die Präsentation des Konzepts im sogenannten Jugendhilfeausschuss und die Zustimmung der Politik. Hier gab es feste Termine, die wahrgenommen werden mussten, oder aber das Projekt würde sich nach hinten verschieben. Aus dieser Notwendigkeit heraus musste konkret geplant und terminiert werden. In einem Gespräch der Schulleitung mit der Abteilungsleitung und dem Berater wurde ein Projektplan aufgestellt und terminiert.

Projektplan
1. Auswertung der Workshop-Ergebnisse
2. Ergebnisse des Workshops in das Konzept einarbeiten
3. Stellungnahme aus der Praxis und von Experten einholen
4. Ergebnisse der Stellungnahmen in das Konzept einarbeiten
5. Verabschiedung des vorläufigen Konzepts

6. Offener Dialog mit Interessenten, Förderern, Vertretern der Politik und Praktikern aus der Region
7. Finalisierung des Konzepts
8. Vorbereitung der Präsentation vor dem Jugendhilfeausschuss
9. Präsentation vor dem Jugendhilfeausschuss
10. Aufnahme des geplanten SPAZ in den Berufsschulentwicklungsplan

Der Plan konnte weitgehend eingehalten werden. Das Projekt hat Eingang gefunden in den Berufsschulentwicklungsplan und ist von der Politik abgesegnet. Um die Umsetzung professionell voranzutreiben, hat sich die Stiftung entschieden, einen ausgewiesenen Experten als Projektleiter zu sponsern. Dieser Projektleiter könnte dann künftig der Leiter des sozialpädagogischen Ausbildungszentrums sein.

Aus der weiteren Zusammenarbeit mit dieser Schule ist bekannt, dass die Planung umgesetzt wird. Es entsteht ein ausgelagertes SPAZ in einem vorhandenen Gebäude, das aufwändig umgebaut, erweitert und saniert wird. Der beauftragte Architekt hat sich intensiv mit dem pädagogischen Konzept beschäftigt und die Räumlichkeiten genau an die Bedürfnisse angepasst.

Im Anschluss an die Planung und Realisierung des SPAZ wird ein Modellversuch gestartet, der die Ausbildung von Erzieherinnen und Erziehern optimieren und verkürzen soll. Welche Ergebnisse dieser Modellversuch zeigt, bleibt abzuwarten. Ohne ein Sozialpädagogisches Ausbildungszentrum wäre es allerdings nie zu einem solchen Modellversuch gekommen.

Fazit

Die Komplexität von Veränderungsprozessen wird meistens unterschätzt. Das trifft auch für dieses Beispiel zu und ist bei Non-Profit-Organisationen stärker ausgeprägt als in der freien Wirtschaft. Besonders die vielfältigen Abhängigkeiten von öffentlicher Verwaltung mit all ihren Regularien und Vorschriften, aber auch vom politischen Willen auf kommunaler und auf Landesebene machen solche Projekte schwer überschaubar und manchmal auch unkalkulierbar. Wenn sich dann noch ungeplante Akteure einschalten, steigt der Koordinationsaufwand rapide an und die Kommunikationspolitik wird immer komplizierter. Das aber ist nur die Oberfläche. Darunter spielen sich Kämpfe um Einfluss, Ressourcen und persönliche Interessen ab, die oft nur erahnt werden können und selbst auf Nachfrage nicht offengelegt werden. In diesem Dschungel werden meistens Guerillatechniken eingesetzt, mit denen schwer umzugehen ist. Im ungünstigen Fall erlahmen die Kräfte der Protagonisten in diesem aufreibenden Geschäft, und wertvolle Initiativen verlaufen nach und nach im Sande.

Hier liegt uns im Gegensatz dazu ein positives Beispiel vor. Die unterschiedlichen Kräfte konnten gebündelt werden. Die Interessen der Profitseite fanden eine große Schnittmenge mit den Interessen der Schule und der Politik zum Nutzen aller Beteiligten. Die Schule erfährt eine Aufwertung durch die besseren Lehr- und Lernbedingungen, die Lehrer können ihre Ideen einbringen und umsetzen und sind motivierter als je zuvor und die Studierenden werden besser auf ihren Beruf vorbereitet. Die Kommune gewinnt an Anziehungskraft in der Region und die Politik kann einen Erfolg vermelden. Die unterschiedlichen Träger von KITAs, Krippen und Horten bekommen gut ausgebildete Mitarbeiter und Mitarbeiterinnen, die den steigenden Anforderungen an den Beruf des Erziehers gewachsen sind. Eltern vertrauen ihre Kinder leichten Herzens den Einrichtungen an, weil sie ihre Kinder gut aufgehoben wissen. Das Unternehmen hinter der unterstützenden Stiftung kann auf gute Rahmenbedingungen im Umfeld der Arbeitsplätze verweisen und so leichter qualifizierte Mitarbeiter gewinnen.

Die Erfolgsfaktoren waren in diesem Fall eine realistische Idee und die Beteiligung aller Betroffenen zu einem frühen Zeitpunkt; desweiteren die Offenheit für Ideen, aber auch für Bedenken von allen Seiten. Besonders hervorzuheben ist die kluge Informationspolitik der Schulleitung, gepaart mit konsequentem Projektmanagement.

Die Mobilisierung externer Kräfte in Form von finanziellen Ressourcen, die wiederum externe Beratung ermöglichten, war darüber hinaus wichtig für den gesamten Erfolg des Projekts. Diese Unterstützung war umso wertvoller, weil sie nicht an Bedingungen geknüpft war. Weder die Stiftung noch die externen Berater haben sich inhaltlich eingemischt. Sie haben dazu beigetragen, das Projekt professionell voranzutreiben durch Bereitstellen von methodischem Know-how und Geld. Und sie haben dem Projekt allein durch ihre Präsenz mehr Gewicht und Aufmerksamkeit beschert. Insgesamt ein Beispiel für den gelungenen Interessenausgleich zwischen Profit- und Non-Profit-Organisationen, die sich hier auf Augenhöhe begegnet sind.

Facility Management im Schulamt

Die Ausgangslage

Das Schulamt einer deutschen Großstadt hat 130 Liegenschaften zu verwalten, in der Hauptsache Schulen und Kindertagesstätten. In der dafür zuständigen Abteilung dieses Stadtschulamts werden neben der Verwaltung der Liegenschaften auch Neubauten und Umbauten geplant und veranlasst. Diese Aufgaben wurden bisher vom Schulamt zentral wahrgenommen.

Die Schulhausverwalter (früher Hausmeister) und die Schulsekretärinnen werden ebenfalls vom Schulamt gestellt und bezahlt. Die Lehrer dagegen werden vom Bundesland gestellt und besoldet. Für die Schulhausverwalter und Sekretärinnen ist dies eine unglückliche Situation, weil sie eine gespaltene Führung erleben. Sie sind disziplinarisch dem Schulamt unterstellt, werden aber fachlich von den Schulleitern geführt. Diese Spaltung führt immer wieder zu Konflikten.

Ausgelöst durch einen Impuls eines Konzernmanagers an den Oberbürgermeister der Stadt wurde ein Outsourcing des Facility Managements in Erwägung gezogen. Der Impulsgeber war Leiter eines großen Konzerns, der selbst Hunderte von Liegenschaften zu verwalten hatte und dazu in der Lage war, diese Liegenschaften professionell zu behandeln. Die Botschaft an den Oberbürgermeister lautete: »Wir als Wirtschaftsunternehmen können das besser und billiger als die öffentliche Verwaltung.« Diese Botschaft der Politik an den Leiter des Schulamts war der Auslöser für eine Organisationsentwicklung. Ziel dieser Maßnahmen war die Abwehr des Outsourcings und die Optimierung der Liegenschaftsverwaltung. Es galt zu beweisen, dass die Liegenschaftsverwaltung in eigener Regie bei vergleichbaren Kosten besser oder mindestens gleichwertig ist im Vergleich zu dem externen Angebot.

Der Amtsleiter entschied sich dann für eine Begleitung des anstehenden Veränderungsprozesses durch externe Berater. Den Beratern kam die Aufgabe zu, den gesamten Veränderungsprozess zu planen und die betroffene Abteilung mit ihren Mitarbeitern und Führungskräften durch die einzelnen Maßnahmen zu führen. Es wurde sehr schnell deutlich, dass dieses Projekt eine Laufzeit von mehreren Jahren haben würde. Es war aber auch klar, dass schon in einer frühen Phase erkennbare Erfolge erforderlich waren, um den Druck von außen abzuwehren und Vertrauen der Politik in den Gesamterfolg zu gewinnen.

Die Projektphasen

Nach Klärung der Auftragslage legten die Berater einen Plan für das gesamte Projekt vor. Diese Übersicht (»Projektarchitektur« bezeichnet) gliederte sich in drei große Projektphasen.

1. Vorlaufphase mit den folgenden Schritten:
    a Übergeordnetes Ziel definieren
    b Zukunftsprojektion entwickeln
    c Modelle für die Aufbauorganisation entwerfen
    d Diskussion der Modelle
    e Bewertung der Modelle
    f Modifikation der Modelle
    g Vorbereitung der dann notwendigen Stellenplanung
    h Kalkulation der Kosten
    i Entscheidung und vorläufige Verabschiedung

In dieser Phase fanden mehrere Workshops mit den Führungskräften und ausgewählten Mitarbeitern statt. Ein Lenkungsausschuss etablierte sich, bestehend aus der Amtsleitung, den Abteilungsleitungen, dem Vorsitzenden des Personalrats und dem externen Berater. Aus den Workshops heraus ergaben sich diverse Arbeitsgruppen, die Teilthemen bearbeiteten und vorantrieben. Die Ergebnisse der Arbeitsgruppen wurden dann immer wieder in die Workshops eingebracht, diskutiert und in die gesamte Konzeption integriert. Die Berater moderierten alle Workshops und unterstützten die Arbeitsgruppen methodisch bei ihrer Arbeit.

Es wurden immer wieder Zweifel geäußert zur gewollten Mitwirkung an der Konzeption und Entscheidung. Diese Zweifel legten sich im Verlauf der gemeinsamen Arbeit, besonders bei den direkt involvierten Mitarbeitern. Alle Führungskräfte, die in das Projekt eingebunden waren, hatten den Auftrag, regelmäßig in ihrem Verantwortungsbereich über den Stand der Dinge zu informieren. Darüber hinaus lag im Sekretariat der Amtsleitung eine für alle Mitarbeiter zugängliche Dokumentation aller Arbeitsergebnisse aus. Sogenannte »Stehkaffees« in regelmäßigem Rhythmus ergänzten die Informationsaktivitäten. Bei diesen Stehkaffees von ca. 15 Minuten Dauer informierte der Amtsleiter gemeinsam mit den Führungskräften über den Fortgang des Projekts. Die Teilnahme zeigte steigende Tendenz auch aus benachbarten, nicht direkt betroffenen Abteilungen.

2. Planung der Prozesse mit den folgenden Schritten:
   a   Vorbereitung der Prozessabläufe
   b   Definition der Aufgaben
   c   Klärung der Zuständigkeiten und der Verantwortung
   d   Konkretisierung der Arbeitsabläufe
   e   Identifizierung der Schnittstellen nach innen und außen
   f   Entwicklung von Leistungsstandards
   g   Unterstützende technische Systeme installieren
   h   Qualifizierungsmaßnahmen planen und starten
   i   Sammlung und Abstimmung der Ergebnisse
   j   Entscheidung und konkrete Maßnahmenplanung
   k   Informationsmarkt für alle Mitarbeiter des Amtes.

Diese Phase erstreckte sich über neun Monate. Die Stimmung schwankte zwischen Euphorie und tiefer Frustration. Einige konnten es kaum noch abwarten, mit der Umsetzung zu beginnen, weil die Vorteile so offensichtlich auf der Hand lagen. Andere äußerten Bedenken über Bedenken und versuchten, den Prozess zu verlangsamen, um Zeit für eine Neuorientierung zu gewinnen. Die neue Philosophie der Kundenorientierung nach innen und außen und die Matrixorganisation als neue Form der Zusammenarbeit stellten für alle Mitarbeiter und Führungskräfte eine hohe Herausforderung dar.

3. Phase der Umsetzung der Prozesse in der neuen Struktur

Auf der Grundlage von Phase 2 erfolgte die Umsetzung in einem Zeitraum von 18 Monaten. Die Beantragung und Besetzung neuer Stellen ist in der öffentlichen Verwaltung eine langwierige Prozedur, bei der viele verwaltungstechnische Hürden zu nehmen sind. Dieser verlangsamende Faktor kam den meisten Mitarbeitern bei ihrer persönlichen Adaption an die neuen Verhältnisse eher entgegen. Besondere Schwierigkeiten bereitete der Umstand, dass bereits in der neuen Struktur gearbeitet werden sollte, jedoch zusätzlich erforderliche Stellen noch nicht genehmigt oder noch nicht besetzt werden konnten. Dadurch entstand der zwischenzeitliche Eindruck, die neue Organisation sei nicht funktional und überfordere die Mitarbeiter. Mit fortschreitender Zeit baute sich dieser Eindruck ab. Außerdem war die Projektleitung bereit, auftretende Probleme ernst zu nehmen und bei Bedarf auch Änderungen der Organisation zuzulassen.

Den formalen Abschluss fand das Projekt mit einem »Open Space«, an dem alle Mitarbeiter der Abteilung und kleine Abordnungen der anderen Abteilungen des Amtes teilnahmen. Thema war Rückblick und Perspektive des Projekts. Das Format des »Open Space« in seiner klassischen Form ist sehr ergebnisoffen und schafft dadurch wenig Verbindlichkeit. Diesem Umstand wirkte ein »Markt der Vereinbarungen« entgegen, bei dem alle Beteiligten aufgefordert waren, aufeinander zuzugehen und mit den Personen konkrete Vereinbarungen und Absprachen zu treffen, mit denen noch etwas zu erledigen galt, um das Projekt nachhaltig erfolgreich zu gestalten.

Die neue Organisation

Auf der Grundlage der künftigen Herausforderungen an die Abteilung der Liegenschaftsverwaltung, die die Workshopteilnehmer in der ersten Phase des Projekts zusammengetragen hatten, entstand die Idee der Regionalisierung als Gegensatz zur bisherigen zentralen Verwaltung. Ein regionaler Facility Manager, RFM, unterstützt durch einen Sachbearbeiter, verwaltet alle Schulen und Kindertagesstätten einer Region. So entstanden in der Stadt insgesamt neun Regionen von etwa gleicher Größe. Die Schulhausverwalter in der Region hatten damit alle einen direkten Vorgesetzten, der sie führte und in schwierigen Situationen unterstützte. Damit wurden die Probleme der fachlichen und disziplinarischen Aufsicht und die Fragen der Urlaubsplanung und Stellvertretung gelöst. Die Schulleiter und die Elternvertreter, aber auch die Ortsbeiräte bekamen einen kompetenten Ansprechpartner, der die lokalen Verhältnisse genau kannte und an den sie sich jederzeit wenden konnten. Ein weiterer Beitrag zur verbesserten Kundenzufriedenheit entstand durch die eigenverantwortliche Budgetplanung und die eigenmächtige Entscheidungsbefugnis bis zu einer Höhe von 15.000,00 € im Rahmen des Gesamtbudgets der Region. Ergänzend hatten die Schulhausverwalter die Befugnis, über Kleinreparaturen selbst zu entscheiden.

Zentrale Aufgaben konnten in dieser Struktur nicht wahrgenommen werden. Die RFM als Generalisten waren nicht dazu in der Lage, Aufgaben, für die Spezialkenntnisse erforderlich sind, durchzuführen. Rahmenverträge abschließen, Neubauten planen und überwachen oder eine einheitliche IT-Landschaft installieren und Aufgaben, die einheitlich in allen Liegenschaften gehandhabt werden sollten, seien hier als Beispiele genannt. Zu diesem Zweck entstand eine Serviceabteilung, die in einer Matrixorganisation den RFM zuarbeitete, aber auch Vorgaben in Form von allgemeingültigen Richtlinien machte. Ergänzend zu diesen zentralen Aufgaben liefen Projekte, wie z. B. der Aufbau eines Qualitätsmanagements, in dieser Serviceabteilung. Die Projektmanager berichteten an den Leiter der Serviceabteilung. Eine ganz besondere

Herausforderung für diese Abteilung stellten die »Public-Private-Partnership-Projekte« dar, eine Kooperation zwischen freier Wirtschaft und Kommunen, bei der die Wirtschaft ein Gebäude auf eigene Rechnung errichtet und im Gegenzug einen langfristigen Nutzungsvertrag mit der Kommune abschließt.

Eine Matrixorganisation, die einen erhöhten Informations- und Koordinationsaufwand erfordert, erlebten die Mitarbeiter und Führungskräfte als große Herausforderung. Die Frage, wer hier zu bestimmen hat, ist in dieser Organisationsstruktur nicht immer klar geregelt und eröffnet Freiräume, die ausgefüllt werden müssen. Eine anfängliche Reaktion bei vielen Führungskräften war Zurückhaltung in Form von Aufschieben oder Nach-oben-Delegieren von Entscheidungen. In den flankierenden Qualifizierungsmaßnahmen für die Führungskräfte ging es immer wieder um die Frage: Wie delegiere ich eine Aufgabe richtig und wie weit geht meine Verantwortung für das Verhalten meiner Mitarbeiter? In der Kultur verankertes, tradiertes Verhalten in Bezug auf Entscheidung und Verantwortung ist nur langsam zu verändern und erfordert Geduld bei allen Beteiligten. Ein gutes Beispiel dafür ist eine Lösung, die rational wunderbar zu begründen ist und in der Theorie funktioniert, die aber gefühlsmäßig keiner haben will. Und es ist ein Beispiel für ein Problem, das von den Beratern aufgrund ihrer Erfahrung erkannt und benannt, von den Betroffenen in der Konzeptionsphase aber ignoriert und geleugnet wurde.

In der Rückschau auf dieses Projekt ist heute zu sehen, wie sich das Grundprinzip der Regionalisierung auf das gesamte Amt übertragen hat. Außer einigen wenigen zentralen Aufgaben, wie z. B. der Haushaltsplanung, ist alles auf die Region und damit auf den Kunden ausgerichtet. Aber auch bei der Planung des Haushalts für das Amt wird intern pro Region budgetiert. Die Umstellung von der Kameralistik auf DOPPIK – Doppelte Buchführung in der Kommunen – hat diesen Veränderungsprozess begünstigt.

Methodisches Vorgehen

Neben den klassischen Methoden des Projektmanagements, die von den Beratern eingebracht wurden, sind hier einige wenige genannt, die in diesem Projekt besondere Wirkung erzielt haben.

Entscheidend für die Wahl der Arbeitsmethoden war der partizipative Ansatz dieses Projekts. Die Führungskräfte und auch viele Mitarbeiter sollten und konnten von Beginn an die Veränderung mitgestalten. Ein immer wiederkehrendes Arbeitsmittel war die klassische Moderationsmethode mit Karten und Pinnwänden. Diese Gruppenarbeitsmethode entwickelten die Brüder Schnelle in den 80er-Jahren in Deutschland. Ein Verfahren, das eine sehr demokratische Form der Beteiligung für alle ermöglicht, aber auch Strukturen für die Gruppenkommunikation setzt, die Sicherheit gibt und Ergebnisse ermöglicht.

In der Anfangsphase kam der Ansatz »Appreciative Inquiry« (AI) zum Einsatz, eine Change-Management-Methode nach David Cooperrider. Hier wird mit »wertschätzender Befragung« das Potenzial für die anstehende Veränderung erhoben und als Grundlage des Neuen verwertet. Wenn sich etwas verändern soll, entsteht leicht der Eindruck, dass alles, was wir bisher gemacht haben, schlecht oder gar falsch war. Warum soll sich sonst etwas ändern? Dieses Verfahren würdigt die bisher erbrachte Leistung, fragt nicht nach Fehlern und ermutigt dazu, sich auf Neues einzulassen.

Um die neuen Rollen der Mitarbeiter und Führungskräfte zu entwickeln und erlebbar zu machen, arbeiteten die Moderatoren mit soziodramatischen Rollenspielen. Eine Methode, die auf Moreno, den Begründer des Psychodramas, zurückgeht. Auf spielerische Weise können hier veränderte Verhaltensweisen erprobt werden, die dann leichter Eingang in den Arbeitsalltag finden.

Wenn Zweifel an der Sinnfälligkeit einer Intervention aufkamen, diente das Dreieck der Grundwerte als Orientierungshilfe. Die drei Grundwerte, mit denen hier gearbeitet wird, sind:

1. Struktur und Ordnung
2. Wissen und Know-how
3. Beziehung und Vertrauen

Entscheidend dabei ist die Balance der Werte zueinander. Wenn hier ein krasses Missverhältnis durch eine Intervention entsteht, ist die Chance auf Erfolg gering. Bei der Suche nach Alternativen dient dieses Dreieck der Werte als nützliche Orientierung.

Von der Veränderung betroffene Menschen können unterschiedlich gut mit der neuen Situation umgehen, und manche brauchen Unterstützung bei dem individuellen Anpassungsprozess. Dieses Unterstützungsangebot war während des gesamten Prozesses da und wurde nach anfänglichem Zögern auch genutzt. Den Durchbruch für die Inanspruchnahme von Coaching brachte das Bekenntnis der Abteilungsleitung, selbst Beratung bekommen zu haben.

Fazit

Dieses Veränderungsprojekt in der öffentlichen Verwaltung zeigt, wie traditionelle Strukturen durch äußere Einflüsse infrage gestellt werden und wie auch die öffentliche Verwaltung, die als starr und unflexibel gilt, Anpassungsfähigkeit an Veränderungen und die Gegebenheiten dafür entwickeln kann. In diesem Fall gab es ein glückliches Zusammentreffen eines äußeren Impulses mit den politischen Zielen einerseits und der Offenheit der Amtsleitung für notwendige Veränderung andererseits. Hier sei angemerkt, dass die langfristigen Ziele einzelner Ämter in den Kommunen häufig schwer vereinbar sind mit den kurzfristigen politischen Zielen, die oft auf Wählerwirkung ausgelegt sind. So wurde auch in diesem Projekt das langfristige Ziel infrage gestellt, weil kurzfristige politische Effekte Priorität haben sollten. Es war dem kämpferischen Einsatz des Amtsleiters und der Diplomatie der zuständigen Abteilungsleiterin zu verdanken, dass dieses Projekt erfolgreich zu Ende geführt werden konnte.

Der Impuls von außen, verbunden mit einem konkurrierenden Angebot zur Verwaltung der Liegenschaften, erzeugte bei den allermeisten betroffenen Mitarbeitern des Amtes die Bereitschaft, sich auf Veränderungen einzustellen und auch einzulassen. Diese Bereitschaft entstand aus der Einsicht, dass selbst gestalten besser ist, als von außen gestaltet zu werden. Ein typischer Kommentar lautete: »Wenn Veränderungen unumgänglich sind, dann nehmen wir die Sache lieber selbst in die Hand.« Und als klar wurde, dass der Mitbewerber ein ehemaliges Staatsunternehmen war, weckte das Ehrgeiz und Motivation nach dem Motto: »Das wollen wir doch mal sehen, wer das besser kann.«

Die positive Resonanz der Schulen auf die zu erwartenden Veränderungen trug ebenfalls zur Motivation der Mitarbeiter bei. Wie in fast allen Veränderungsprozessen ist es auch hier nicht gelungen, alle Mitarbeiter dafür zu gewinnen. Gründe dafür sind vielfältig und nicht immer eindeutig zu identifizieren. In Gesprächen mit Führungskräften und Beratern stellten sich bei den »Verweigerern« Verlustängste, Sorge vor Überforderung und Bequemlichkeit als häufigste Gründe heraus.

Die Verlustängste bezogen sich in der Hauptsache auf den gewohnten Arbeitsplatz und auf angestammte Privilegien und Gewohnheiten. Die Sorge vor Überforderung entstand durch das veränderte und erweiterte Aufgabengebiet der regionalen Facility Manager und die Notwendigkeit zu deutlich mehr eigenverantwortlichem Handeln.

Nach Übernahme dieser Aufgabe stellte sich bei einigen Wenigen tatsächlich heraus, dass diese Sorge berechtigt war. Die aufgetretenen Defizite konnten zum Teil mit Qualifizierungsmaßnahmen aufgearbeitet werden.

Am schwierigsten war der Umgang mit den bequemen Mitarbeitern, die sich auf ihren Beamtenstatus zurückzogen und mit verminderter Arbeitsleistung, destruktivem Verhalten und Krankheit reagierten. Die Wirkung auf die Kolleginnen und Kollegen löste zwei unterschiedliche Reaktionen aus. Die Engagierten machten ihrem Unmut Luft und forderten Initiative und Leistung auf kollegialer Ebene ein. Andere stellten ihre aktive Mitarbeit wieder ein, weil sie erlebten, dass die Drückeberger mit ihrer Verweigerungshaltung durchkamen. Auch das Modell der aktiven Beteiligung an der Gestaltung der Veränderungen blieb bei dieser Kategorie von Mitarbeitern weit gehend wirkungslos.

Hier wird ein Dilemma der öffentlichen Verwaltung im Allgemeinen und dem Beamtenstatus im Besonderen deutlich. Die Möglichkeiten, mit Minderleistung von Mitarbeitern umzugehen, sind begrenzt und die Prozedur einer Abmahnung oder Versetzung sehr aufwändig. Dank der Konfliktbereitschaft der Führungskräfte hielt sich die Anzahl dieser Mitarbeiter unter fünf Prozent und damit sehr gering. Eine ähnlich große Anzahl von Mitarbeitern, die Veränderung nicht mittragen, finden wir auch in Profit-Organisationen. Hier sind allerdings die Konsequenzen für solche Mitarbeiter deutlich unbequemer und der Widerstand wird verdeckt und nicht so offen wie in der öffentlichen Verwaltung gezeigt.

Ähnlich wie in der freien Wirtschaft glauben auch in der öffentlichen Verwaltung viele Mitarbeiter nicht an wirkliche Möglichkeiten zur Beteiligung und Mitgestaltung von Veränderungen. In der Auftragsklärung mit dem Amtsleiter wurde das übergeordnete Ziel, das Facility Management im Amt zu behalten, klar. Die Berater und die Amtsleitung einigten sich darauf, die Mitarbeiter wirklich zu beteiligen und ihr Know-how aktiv in die Neugestaltung der Aufgabe einzubeziehen. Im Auftaktworkshop wurde dann der Amtsleitung unterstellt, sie habe bereits ein fertiges Konzept in der Schublade und tue nur so, als sei die Mitwirkung der Mitarbeiter erwünscht. In der konzeptionellen Phase wurde von den Mitarbeitern immer wieder getestet, inwieweit ihre Vorschläge und Ideen angenommen und konstruktiv diskutiert wurden. Diese Zweifel erscheinen sehr verständlich vor dem Hintergrund der Tradition der öffentlichen Verwaltung, die das Gemeinwesen im Auftrag der Obrigkeit verwaltet, aber nicht gestaltet. Unter diesen Vorzeichen ist Beteiligung an der Planung und Entscheidung ein Paradigmenwechsel, der zunächst Irritation auslöst. Die Mitarbeiter und ganz besonders die Führungskräfte merkten sehr schnell, dass hier auch mehr Verantwortung von oben nach unten durchgereicht wird und damit mehr Verantwortung beim

Einzelnen liegt. Die Verantwortung für selbst getroffene Entscheidungen wog besonders schwer, weil sie im Gegensatz zum bisherigen Verhalten stand. Traditionell wird in der öffentlichen Verwaltung überwiegend genehmigt und nicht entschieden. Es gehörte zu den Eigenarten des gerechten Umgangs mit dem Bürger, den Normalfall, aber auch die Ausnahme zu regeln und dann im Falle des Bürgerbegehrens eine Ja-Nein-Entscheidung zu treffen. Dieses Grundprinzip wurde durch die Regionalisierung und die damit verbundene Arbeit vor Ort eingeschränkt. Die regionalen Facility Manager mussten also im wahrsten Sinne des Wortes eine Managementaufgabe wahrnehmen und Entscheidungen auf der Basis mehrerer Optionen und unter Unsicherheit treffen.

Langfristig betrachtet hat sich die konsequente Beteiligung der Mitarbeiter am Umbau des Amtes sehr bewährt. Die Bereitschaft, sich auf künftig anstehende weitere Veränderungen konstruktiv einzulassen, ist damit deutlich gestiegen. Im Gegensatz zu Veränderungsprozessen, die top-down durchgesetzt werden und die Mitarbeiter mit jeder Veränderung resistenter gegen Veränderungen machen, ist hier ein deutlicher Schritt in Richtung einer lernenden Organisation gemacht worden.

Zentralisierung ist in der öffentlichen Verwaltung nach wie vor ein gängiges Organisationsprinzip. Der Bürger kommt zur Verwaltung, wenn er etwas möchte und nicht umgekehrt. Das Amt ist der Hort der kommunalen Ordnung. An diesem Prinzip fand das Konzept der Regionalisierung seine Grenzen, denn die RFM sitzen nach wie vor alle in einem Gebäude und sind bei Bedarf vor Ort, um ihre Aufgaben wahrzunehmen. Die Mitarbeiter mit ihren Büros auszugliedern und in ihrer Region zu platzieren, scheiterte am massiven Widerstand der Mitarbeiter und der Führungskräfte. Der Gedanke des verbesserten Service gegenüber den Schulen fand bei der permanenten Verfügbarkeit vor Ort seine Grenzen. Es bleibt abzuwarten, ob dieser Schritt in der Zukunft noch vollzogen werden kann. Dennoch hatte die dezentrale Organisation erhebliche Vorteile für alle Beteiligten. Die Schulleiter hatten einen kompetenten Ansprechpartner, der wirklich verantwortlich für ihre Schule war und mit dem sie ihre Probleme besprechen und einer Lösung zuführen konnten. Die Schulhausverwalter hatten einen Vorgesetzten, der sie führte und unterstützte. Mit Entscheidungen über Kleinreparaturen, Planung von großen Reparaturen und Umbauten, aber auch Meinungsverschiedenheiten mit den Schulleitern standen sie nicht mehr alleine da. Der Personaleinsatz der Sekretärinnen und Schulhausverwalter bei Urlaub, Krankheit und besonderen Anlässen konnte in der Region sehr viel flexibler gehandhabt werden. Für die Politik war der größte Gewinn die Präsenz der RFM in den Schulen und bei den Eltern. Diese Präsenz führte zu deutlich mehr Zufriedenheit mit dem Service des Schulamts.

Bei diesem Reorganisationsprojekt ist der übergeordnete Sinn der zu erfüllenden Aufgabe erhalten geblieben. Es wurde ein Beitrag geleistet zu einer gelungenen Bildungspolitik der Kommune. In dieser Abteilung des Stadtschulamtes wurde Sorge getragen für die geeigneten Rahmenbedingungen, in denen Bildung stattfindet. Das war das oberste Ziel und das sollte es auch nach der Reorganisation bleiben. Die vorhandenen Ressourcen sollten so gut wie möglich genutzt werden, um einen besseren Beitrag zur Bildungsarbeit in der Stadt zu leisten. Anders als bei vielen Projekten stand hier nicht die Reduzierung von Kosten oder der Abbau von Personal im Vordergrund. Bei deutlich verbesserter Leistung wäre sogar mehr Geld und Personal verfügbar gewesen. Die RFM wurden sogar höher gruppiert, weil der Anspruch an diese Aufgabenstellung diese rechtfertigte.

Im Verlauf des Projektes und auch danach gab es immer wieder Ideen und Vorstöße seitens der Politik, Teilaufgaben an externe Dienstleister zu vergeben. Ein Versuch wurde mit den Reinigungskräften gestartet, die bisher Mitarbeiterinnen der Stadt waren und damit den Entgeltregeln der Kommune unterlagen. Es erschien einfach und logisch, weil es häufig an anderer Stelle praktiziert wird, hier einen extern Dienstleister einzusetzen. Die verpflichtete Reinigungsfirma war deutlich kostengünstiger. Das Ergebnis insgesamt war aber katastrophal, denn die abgelieferte Reinigungsleistung war völlig unbefriedigend und führte zu Klagen bei Schülern, Lehrern und den Schulhausverwaltern. Eine negative öffentliche Wirkung blieb nicht aus. Die Schulhausverwalter sahen sich nicht in der Lage, die permanente Kontrolle auszuüben, die notwendig gewesen wäre, um ein einigermaßen befriedigendes Reinigungsergebnis zu erzielen. Die Mitarbeiter der Reinigungsfirma wechselten ständig, waren mit den örtlichen Gegebenheiten nicht vertraut und konkreten Arbeitsanweisungen in deutscher Sprache nicht zugänglich. Eine Führung und Kontrolle seitens der Reinigungsfirma war kaum vorhanden. Fazit: »Es geht immer etwas billiger und viel schlechter.«

Die eigenen Reinigungskräfte identifizierten sich mit »ihrer Schule« und fühlten sich verantwortlich für die Sauberkeit und Hygiene. Über Jahre eingespielte Arbeitsstrukturen, die Kenntnisse der lokalen Gegebenheiten und das notwendige Maß an Selbstorganisation ließen sich nicht so einfach übertragen auf einen externen Dienstleister. Dieser Fehlversuch im Outsourcing mit einer trivial erscheinenden Tätigkeit war im weiteren Verlauf des Projekts als abschreckendes Beispiel sehr hilfreich. Mehrfach gab es von neuen Personen Anläufe, einfach mal schnell Kosten einzusparen und sich damit politisch zu profilieren. Wenn dann an die vielen Beschwerden und das sehr negative Echo beim Versuch mit den Reinigungskräften erinnert wurde, waren diese Vorschläge schnell wieder vom Tisch.

Dieses Beispiel einer zunächst nebensächlich erscheinenden Intervention in einem so komplexen Projekt macht sehr schön deutlich, wie wenig kalkulierbar die Dynamik von Veränderungen in Organisationen ist. Die simple Logik des kausalen Denkens – wenn wir schnell mal Kosten reduzieren, haben wir einen schnellen Erfolg vorzuweisen – funktioniert so nicht. Der erwünschte Effekt ist zwar eingetreten, aber die Nebenwirkungen waren erheblich. Die Langzeitwirkung dieser Intervention und die damit verbundene positive Wirkung waren auch nicht absehbar, aber sehr willkommen. Wäre diese Entscheidung zuvor mit den Mitarbeitern diskutiert worden, die dicht am Geschehen sind, wäre das Ergebnis vorhersehbar gewesen. Ob es vermeidbar gewesen wäre, ist nicht eindeutig zu sagen. Es steht zu vermuten, dass der geringe hierarchische Status der Schulhausverwalter deren Meinung zu wenig

Gewicht verliehen hätte, um diese Entscheidung zu beeinflussen. Es wird auch sehr schön deutlich, wie ein für sich betrachtet negatives Ergebnis eine insgesamt positive Wirkung auf das Gesamtprojekt haben kann. Immer dann, wenn kein bewährtes Konzept vorhanden oder bekannt ist, bietet sich das Prinzip von Versuch und Irrtum als eine mögliche Methode an.

Perspektivisch ist davon auszugehen, dass dieser Wandel mit seinem heute erzielten Status einen Bestand von maximal zehn Jahren haben wird. Die absehbaren Veränderungen im Umfeld werden zu einer erneuten Anpassung des Stadtschulamts führen. Der demografische Wandel hin zu weniger Kindern, die Konsequenzen aus den PISA-Studien und zunehmende Konkurrenz durch private Schulträger seien hier als Beispiele genannt. Diese Organisation mit ihren Mitarbeitern ist durch die überwiegend positiven Erfahrungen gut gerüstet für den nächsten Veränderungsprozess, wenn er von der Führung wieder mit einem partizipativen Ansatz gestaltet wird. Sollte die Strategie top-down sein, ist vermehrter Widerstand zu erwarten.

Teil III.

Unterschiede zwischen Profit-Organisation und Non-Profit-Organisation

Interview mit einem Manager, der in beiden Bereichen gearbeitet hat und der gute Vergleiche anstellen kann

Frage: Herr Mayer*, Sie sind einer der wenigen Manager, die sowohl im Profit- als auch im Non-Profit-Bereich Erfahrungen als Manager gesammelt haben. Wo sehen Sie die Unterschiede zwischen diesen beiden Bereichen?

Mayer: Für mich besonders überraschend war der viel geringere Druck von oben bei der Durchsetzung von Entscheidungen in der Profit-Organisation, denn ich war zuerst in einer Non-Profit-Organisation tätig. Als Beispiel fällt mir die Durchsetzung eines Leitbildes ein, dass in der Non-Profit-Organisation top-down durchgedrückt wurde. In der Profit-Organisation stand der Prozess der Auseinandersetzung mit einem Leitbild für Führung und Zusammenarbeit im Vordergrund. Insgesamt habe ich Führung in der NPO viel autoritärer erlebt.

Frage: Wie wird mit Ressourcen umgegangen?

Mayer: Beim Umgang mit Ressourcen, insbesondere mit Geld, sind für mich keine großen Unterschiede erkennbar. Der Hang zur Verschwendung ist hier wie da zu beobachten, solange es der Organisation gut geht. Die rechtliche Lage ist sehr verschieden, die NPO geht mit den Beiträgen der Mitglieder um, während im Unternehmen der Inhaber und das Topmanagement über die Verwendung von Geld und Gewinnen entscheiden.

---

* Name und Organisation anonymisiert

Frage: Wie wird Ihrem Eindruck nach mit externen Beratern umgegangen?

Mayer: In der NPO werden enorme Beträge für externe Berater ausgegeben, aber die daraus resultierenden Konzepte werden nicht konsequent umgesetzt. Man hält sich Dauerberater wie Hofnarren und bezahlt sie dafür gut. Ganz anders im Unternehmen, wo über viele Jahre hinweg die gemeinsam mit den Beratern entwickelten Konzepte konsequent umgesetzt werden, und das überwiegend in eigener Regie.

Frage: Wie vollziehen sich Veränderungen in den beiden Bereichen?

Mayer: In der NPO vollziehen sich die Veränderungen mit geringerer Dynamik und sind manchmal nur Kosmetik an der Oberfläche. Auf eine schlechter werdende wirtschaftliche Lage reagiert das Unternehmen schnell und mit tiefen Einschnitten, wenn es erforderlich erscheint. Verlagerung von Produktionsstandorten, Wegfall von Vergünstigungen für die Mitarbeiter und Optimierung von Prozessen werden dann vollzogen. Hier ist deutlich zu spüren, dass es um die Sicherung der Existenz geht, und das ist auch für die Mitarbeiter einsichtig.

Frage: Gibt es Unterschiede in der Entscheidungsfindung?

Mayer: Das Vertrauen in die Mitarbeiter ist ein ganz gravierender Unterschied. Die NPO ist streng hierarchisch gegliedert, unter einen Vorgang müssen mehrere Unterschriften gemacht werden und alles wird dokumentiert. Da wird viel geschrieben und weniger bewirkt. Im Unternehmen setzt das Management hohes Vertrauen in die Mitarbeiter und die Mitarbeiter umgekehrt haben direkten Zugang zu den Entscheidern, die dann direkt und auf kurzem Weg entscheiden oder aber den Mitarbeiter auch selbst entscheiden lassen.

Frage: Wie ist das Selbstverständnis der beiden Organisationen, die Sie persönlich kennengelernt haben?

Mayer: Im Umgang mit der Historie der NPO fällt auf, dass die Herkunft aus dem Solidarprinzip geleugnet wird, umso mehr, je jünger die Mitarbeiter sind. Die älteren Mitarbeiter reagieren darauf mit Irritation und teilweise auch mit Resignation. Die neue Generation sieht ihre NPO als modernes Dienstleistungsunternehmen, das wie ein Unternehmen der freien Wirtschaft gemanagt werden muss. Dabei geht viel Gutes verloren, was es wert wäre, bewahrt zu werden. Die Folge könnte ein Identitätsverlust der NPO sein. Das Unternehmen, in dem ich jetzt arbeite, ist ein großes Familienunternehmen, in dem der schon lange verstorbene Gründer immer noch gegenwärtig ist und seine Nachfolger die von ihm geprägten Werte weiter pflegen und damit für Kontinuität sorgen.

Frage: Inzwischen ist auch die NPO, aus der Sie kommen, einem gewissen Wettbewerb ausgesetzt, was ja für ein Unternehmen ganz normal ist. Gibt es da Unterschiede?

Mayer: Die NPO, aus der ich komme, arbeitet mit Analysen zur Kundenzufriedenheit und Probekäufen. Bei geringsten negativen Abweichungen kommen heftige kurzfristige Reaktionen von ganz oben. Das führt dazu, dass die verantwortlichen Manager versuchen, im Mittelfeld zu schwimmen und nicht aufzufallen. Besonders gute Ergebnisse werden nicht honoriert und bei schlechten Ergebnissen hat das keine wirklichen Konsequenzen, aber man wird an den Pranger gestellt. Dadurch bleibt die Organisation hinter ihren Möglichkeiten zurück. Im Unternehmen wird Wettbewerb als normal empfunden und man konzentriert sich auf die Stärken. Das Geschäft wird strategisch ausgebaut im Sinne von Wachstum, was es so in der NPO nicht gibt.

Frage: Gibt es Unterschiede in der Organisation?

Mayer: Die NPO neigt zur Überorganisation mit viel Papier in Form von Aktenvermerken und Regularien. Es wird versucht, nicht nur den Normalfall, sondern auch die Ausnahme zu regeln. Der formale Grund dafür ist die gerechte Behandlung aller. Der individuelle Nutzen besteht darin, nicht mehr entscheiden, sondern nur noch genehmigen oder ablehnen zu müssen. Im Gegensatz dazu neigt das Unternehmen zur Unterorganisation. Ausnahmen werden eigenverantwortlich entschieden, bei Bedarf in Abstimmung mit dem Management.

Frage: Was finden Sie denn persönlich besser?

Mayer: Anfangs habe ich mich sehr schwer getan mit den Entscheidungsspielräumen, die ich hier im Unternehmen habe. Die Verantwortung, die damit verbunden ist, hat mich zeitweise schlecht schlafen lassen. Ich glaube, es ist keine Frage von besser oder schlechter. Der NPO würde etwas mehr Freiraum gut tun und dem Unternehmen würde es helfen, wenn manche Dinge verbindlich geregelt wären.

Frage: Woraus beziehen die Mitarbeiter ihre Motivation in den beiden Organisationen?

Mayer: Im Unternehmen ziehen die Mitarbeiter aller Ebenen ihre Motivation aus der attraktiven Aufgabe und aus den Freiräumen, die sie haben. Das von der Unternehmerfamilie geprägte positive Menschenbild, gekoppelt mit ausgeprägtem sozialem Engagement, gibt den Mitarbeitern das Gefühl, gut aufgehoben zu sein. Das hohe in die Mitarbeiter gesetzte Vertrauen führt zu einer enormen Identifikation mit dem Unternehmen und seinen Produkten. Geringe Fluktuation und viele Mitarbeiter, die bis zum 65. Lebensjahr hier arbeiten, sind ein Beleg dafür.

In der NPO stehen Sicherheitsbedürfnisse und der Wunsch nach Stabilität im Vordergrund. Hier bin ich gut aufgehoben von der Ausbildung bis zur Rente. Das Bewusstsein, für eine gute Sache zu stehen, zu helfen und alle gerecht zu behandeln, gibt das Gefühl ein »guter Mensch« zu sein und mit Stolz über die eigene Arbeit zu sprechen. Für die jüngeren Mitarbeiter ist die Chance, früh Karriere zu machen und den damit erworbenen Status zu erlangen, ebenfalls von hoher Bedeutung. Fachlich immer auf der Höhe zu sein und regelmäßig weitergebildet zu werden wirkt ebenfalls motivierend. Insgesamt ist die Motivation und Identifikation in beiden Organisationen sehr hoch, aber die Motive sind sehr verschieden.

Frage: Wie wird mit Widerstand gegen notwendige Veränderungen umgegangen?

Mayer: In der NPO wird mit viel offenem und verdecktem Druck gearbeitet, wenn Widerstand zu spüren ist. Die Mitarbeiter wissen das und verlangsamen den Veränderungsprozesss so, dass sie genügend Zeit haben, sich adäquat anzupassen. Wenn der Druck zu hoch wird, reagieren viele mit einer subtilen Form des »Dienst nach Vorschrift«, denn das ist bei den vielen Regeln und Vorschriften einfach zu machen. Steigt der Druck weiter an, reagieren viele Mitarbeiter mit Krankheit.

Im Unternehmen fallen die Entscheidungen zur Veränderung auch ganz oben, aber Wandel wird als ein ständiger Prozess verstanden, in den die betroffenen Mitarbeiter so weit wie irgend möglich einbezogen werden. Viele betrachten die immer wiederkehrende Gestaltung des eigenen Verantwortungsbereichs als Teil ihrer Aufgabe. Nur wenn tiefe Einschnitte notwendig werden, gibt es auch hier Wiederstände, die sich aus berechtigten Verlustängsten speisen. Auch hier versucht das Unternehmen, sozial verträglich Lösungen zu finden, was aber nicht immer möglich ist.

Frage: Wenn Sie jetzt die beiden Organisationen mit etwas Abstand betrachten, wo arbeiten Sie lieber?

Mayer: Das ist eine Gewissensfrage, die ich im Moment noch nicht eindeutig beantworten kann. Ich bin noch nicht lange genug Führungskraft in diesem Unternehmen, um das endgültig beurteilen zu können, aber es gibt eine Neigung in eine bestimmte Richtung. Ich komme aus einem Beamtenhaushalt, meine Frau ist Lehrerin und ich habe Verwaltungswissenschaften studiert. Da liegt mir eine NPO mit ihrer Stabilität und Sicherheit mehr. Aber ich werde es hier bestimmt noch einige Jahre aushalten, um dazuzulernen. Und vielleicht bin ich dann nicht mehr zu gebrauchen für eine NPO, wer weiß.

Vielen Dank Herr Meyer für diese sehr offene Gespräch.

Erfolgsfaktoren für den Change in Non-Profit-Organisationen

Die nachfolgende Checkliste soll Ihr Augenmerk auf die Dinge richten, die bei Veränderungsprojekten in Non-Profit-Organisationen von entscheidender Bedeutung sein können.

- Haben Sie eine ausführliche Diagnose mit den Beteiligten gemacht?
  Hier geht es darum, für die Veränderung zu sensibilisieren und für eine gemeinsame Problemeigentümerschaft zu sorgen.

- Haben Sie eine konkrete Vorstellung von der Zukunft gestaltet?
  Hier geht es darum, Orientierung zu finden, zu erfahren, wo es langgehen soll, warum, wozu, und eine gemeinsame Richtung einzuschlagen.

- Haben Sie die psychosoziale Dimension berücksichtigt?
  Hier geht es darum, die innere Bereitschaft zur Veränderung zu fördern, Hilfen zu geben, um Altes loslassen zu können, Spannungen und Konflikte aufzuarbeiten und neue Gewohnheiten zu bilden.

- Haben Sie Lernprozesse möglich gemacht?
  Hier geht es darum, rechtzeitig neues Wissen und Können zu vermitteln, Probeläufe zu organisieren, durchzuführen und gemeinsam zu evaluieren.

- Haben Sie ein Kommunikationskonzept?
  Hier geht es darum, den beteiligten und betroffenen Menschen zuzuhören, zeitgerecht und wahrhaftig zu informieren, für offene Kommunikation zu sorgen nach innen und nach außen.

- **Haben Sie für konsequente Umsetzung gesorgt?**
  Hier geht es darum, die Realisierung voranzutreiben, Erfolgserlebnisse zu ermöglichen, Anerkennung zu geben, Vorbildverhalten mit Signalwirkung zu zeigen.

- **Haben Sie für professionelles Projektmanagement gesorgt?**
  Hier geht es darum, Planung, Organisation, Steuerung, Ausstattung und Evaluierung des Veränderungsprozesses umsichtig zu managen. Besonders wichtig ist dabei der Erhalt der Arbeitsfähigkeit bei gleichzeitiger Projektarbeit im Changeprojekt.

- **Haben Sie den Sinn und Zweck der Organisation gewahrt?**
  Hier geht es darum, den Wert der Organisation, die ethische Grundlage der Arbeit, den Nutzen für die Gesellschaft, die Verantwortung für das Gemeinwohl zu wahren und nicht durch Pseudo-Werte zu substituieren.

- **Haben Sie Widerstände als Energiequelle genutzt?**
  Hier geht es darum, Widerstand als normalen Teil von Veränderung zu respektieren, Motive für Widerstand zu verstehen und die Energie positiv zu kanalisieren.

Resümee und Ausblick

Non-Profit-Organisationen in die Zukunft zu entwickeln heißt, über die kurzfristige Optimierung der einzelnen Organisation hinauszudenken. Wenn wir historische Entwicklungslinien lesen, sehen wir, wie gesellschaftliche Sphären aufeinander bezogen sind. Das Zusammenspiel öffentlicher und gemeinwohlorientierter Handlungsebenen wird als Gegengewicht zur Logik der Märkte immer wichtiger. Und alle Funktionen des Non-Profit-Sektors sind entscheidend für die Zukunftssicherung der Gesellschaft insgesamt. NPO in die Zukunft zu entwickeln heißt auch, den jeweiligen Organisationszweck in den Fokus zu stellen. Non-Profit-Ziele geben die Richtung vor. Wirtschaftliche Ziele oder Wettbewerbskriterien können diese nur ergänzen, aber nicht ersetzen. Oder anders gesagt: Der organisatorische Rahmen ist so zu entwickeln, dass motivierte Menschen mit Blick auf die Zwecke der Organisation qualitativ gute Arbeit machen können.

Die Menschen wollen die Räume zurückerobern, in denen sie leben. Viele zivilgesellschaftliche Initiativen schöpfen ihre Kraft aus der Idee, die Lebenswelt human und solidarisch zu gestalten. Ökonomische Verwertungsinteressen folgen einer ganz anderen Logik. Die Aufgabe von Staat und Politik ist es, für Interessenausgleich zwischen den gesellschaftlichen Sphären zu sorgen.

Seit Mitte der 1970er-Jahre blicken wir auf eine ganze Reihe von Krisen und Umbrüchen. Dem Zusammenbruch der sozialistischen Systeme folgte nach 1989 eine Phase der kapitalistischen Expansion mit erdumspannender Wettbewerbsdynamik. Die Finanzkrise 2008 und die nachfolgende Schuldenkrise verweisen auf immense Risiken, die vor allem aus der Entkopplung von Finanz- und Realwirtschaft erwachsen.

Die kapitalistische Expansion erfolgte nicht nur territorial, sondern auch sektoral als Ausweitung der Marktorientierung auf andere gesellschaftliche Sphären, die eigentlich gemeinwohlorientiert handeln sollten. Das Pendel ist weit in Richtung der Marktgesetze ausgeschlagen. So kam es zum Umbau von Wohlfahrtsstaaten in Wettbewerbsstaaten. Dabei entspricht die Neuausrichtung von Vereinen, Verbänden und Kirchen weitgehend den Mustern der betriebswirtschaftlichen Reorganisation im öffentlichen Sektor. NPO partizipieren an umfassenden Change-Bewegungen, indem sie entweder als Pioniere in ihrem Feld voranschreiten oder notwendige Anpassungen vornehmen.

Der Bezugsrahmen von NPO hat sich zu europäischen und globalen Zusammenhängen hin erweitert. Ihre Rolle wird einerseits von übergeordneten Verhältnissen beeinflusst, andererseits sind ihre direkten Handlungsfelder, Ziele und Wertvorstellungen lokal geprägt. Organisationsentwicklung unter integrativen Gesichtspunkten erfordert die Fokussierung der genuinen sozialen und ethischen Ziele von NPO wie auch die Berücksichtigung wirtschaftlicher Blickwinkel. Aber anders als im Profit-Bereich sind hier ökonomische Ziele nachrangig.

Die Auswahl der Fallbeispiele ergibt sich aus dem Erfahrungshintergrund der Autoren und der traditionellen Staats- und Verwaltungsnähe von NPO in Deutschland. Sie zeigen die methodische und handwerkliche Anwendung von Change-Know-how sowie exemplarischen Prozessverläufen.

Für den Erfolg von Organisationsentwicklung in NPO bedarf es immer eines Protagonisten. Diese Person als Vorkämpfer einer Idee muss die Macht haben, notwendige Ressourcen zu mobilisieren. Und sie muss glaubwürdig für die originären Ziele der Organisation stehen. Dies spiegeln auch die Fallbeispiele.

Im Fall der AOK entstand Veränderungsdruck durch eine politische Entscheidung zur Krankenversicherung. Der Protagonist war als neue Führungskraft eines Teils der Organisation nicht mit der nötigen Macht ausgestattet. Zudem hatte er wirtschaftlichen Zielen und der Rationalisierung der Arbeitsabwicklung oberste Priorität eingeräumt. Die Verschiebung der Zielsetzung zugunsten der Wirtschaftlichkeit führte zur Demotivation der Mitarbeiter und minderte auch die Erfolgschancen der Entwicklungsmaßnahme.

Dagegen stellte der Protagonist im Fall der Berufsgenossenschaft die traditionellen Ziele seiner Organisation nicht infrage. Er hatte die Absicht, sich als vorausschauender Pionier zu profilieren. Entscheidend für den Erfolg und den damit verbundenen Paradigmenwechsel in diesem Entwicklungsprozess war die Stärkung der Identifikation der Mitarbeiter mit ihrer Organisation.

Dem Protagonisten eines Qualifizierungsprogramms zum Projektmanagement in der Katholischen Kirche gelang es, Verbündete für seine Ideen zu mobilisieren – als überzeugter Katholik und überzeugter Erneuerer, der sich um die Zukunft seiner Kirche sorgt. Das offizielle Thema »Projektmanagement« stand inoffiziell für die Aufforderung, Veränderungen herbeizuführen und zu managen. Die zahlreichen innovativen Projekte, die aus diesem Qualifizierungsprogramm hervorgingen, erhielten die Zustimmung der Kirchenoberen. Und die Teilnehmer nahmen die motivierende Erfahrung mit, in ihrer Kirche etwas bewegen zu können.

Die Entwicklung des Sozialpädagogischen Ausbildungszentrums SPAZ ist ein gelungenes Beispiel für übergreifende Kooperation zwischen dem Profit- und dem Non-Profit-Bereich. Dieser Fall spiegelt die häufig auftretende Verflechtung von Interessen und Perspektiven. Die beiden Protagonisten aus Wirtschaft und Schule führten das Projekt mit vereinten Kräften zum Erfolg ohne miteinander zu konkurrieren.

Die Veränderungsabsichten des Protagonisten im Stadtschulamt wurden durch von außen kommenden Konkurrenzdruck begünstigt. Als Amtsleiter nahm er die Herausforderung an und zeigte sich zutiefst davon überzeugt, dass sein Amt Liegenschaften mit den eigenen Mitarbeitern besser verwalten könne als Mitbewerber aus der Wirtschaft. Hier lautet die Botschaft: In der öffentlichen Verwaltung ist vieles möglich, wenn die Akteure sich etwas zutrauen.

Das Interview lässt eine einzelne Stimme zu Wort kommen. Ein Manager, der in beiden Sektoren gearbeitet hat, stellt Vergleiche zwischen verwaltungsnahen NPO und Profit-Organisationen an. Aus seiner Sicht besteht ein großer Unterschied im Umgang mit Widerstand gegen Veränderungen. In Profit-Organisationen erlebte er die Bearbeitung von Widerständen beteiligungsorientierter als im Non-Profit-Bereich. Grund sei das größere Vertrauen in die Wandlungs- und Leistungsfähigkeit der Mitarbeiter. Dieses Vertrauen führe dazu, den Mitarbeitern größere Freiräume bei Entscheidungen zuzubilligen. Staatsnahe NPO tendieren offenbar dazu, möglichst viele Entscheidungsprozesse zu formalisieren. Grund dafür sind unterschiedliche Legitimationsmuster. Bei Entscheidungen fragt der regelorientierte Mitarbeiter in NPO: »Wo steht's geschrieben?« Und der Gewinnorientierte im Profit-Bereich: »Was macht Sinn?« Erkennbar unterschiedlich sei auch der Umgang mit Minderleistung von Mitarbeitern. In NPO gibt es größere Zurückhaltung, Minderleistung direkt zu sanktionieren.

Externe Berater und Changemanager tun gut daran, den besonderen Charakter von NPO zu respektieren. In Zukunft sollte häufiger gefragt werden, was mit Blick auf Non-Profit-Ziele Sinn macht. Die simple Übertragung von Erfolgsrezepten aus der Wirtschaft ist unangebracht und führt zu berechtigter Ablehnung. Berater müssen immer die Identität der Organisation im Auge behalten. Als Richtschnur für die Begleitung von Veränderungsprozessen in NPO kann die Liste der Erfolgsfaktoren dienen.

Der Trend zu Hybridorganisationen wird anhalten. Auf der Basis bestehender Strukturen werden sich neue Netzwerke und neue Formen von NPO entwickeln. Diese organisatorischen Mischformen werden in Zukunft allerdings auch mehr Hybridqualifikationen erfordern.

Aktuell ist eine Renaissance von Werten wie Solidarität und Gemeinsinn zu verzeichnen, deren Bedeutung in Zukunft weiter wachsen wird. Diese Entwicklung kann das Selbstbewusstsein von NPO stärken und eine Begegnung auf Augenhöhe erleichtern. Für die gesamtgesellschaftliche Entwicklung ist ein ausgewogenes, komplementäres Verhältnis beider Bereiche grundlegend.

Die Begegnung zwischen Non-Profit- und Profitorganisationen auf Augenhöhe ist nur möglich, wenn beide Seiten Verständnis für die Besonderheiten und die unterschiedliche gesellschaftliche Bedeutung des anderen Bereichs entwickeln. Die Profit-Seite muss begreifen, dass ihr Profit nur in den Rahmenbedingungen möglich ist, die die Non-Profit-Seite schafft. NPO müssen ihre gesellschaftliche Rolle kraftvoll vertreten und im Dienste ihrer genuinen Zwecke angemessen wirtschaften. Einer der Fälle hat gezeigt, wie fruchtbar die Kooperation zwischen beiden Bereichen sein kann. Beide Seiten sind aufgefordert, aktiv aufeinander zu zugehen, zusammen zu arbeiten und gemeinsam gesellschaftliche Verantwortung zu zeigen.

Literatur

Agricola, Sigurd (1999): Vereine: Ein gesellschaftliches Kapital. In: Wolf, Jochen (Hrsg): Kursbuch Vereinsmanagement. Alles, was Ehren- und Hauptamtliche wissen müssen. Wien/Frankfurt: Ueberreuter.

Alber, Jens (2002): Modernisierung als Peripetie des Sozialstaats? In: *Berliner Journal für Soziologie*, Bd. 12, H. 1, S. 5-35.

Anheier, Helmut K. (2005): Nonprofit Organizations. Theory, management, policy. Oxon, New York: Routledge.

Anheier, Helmut K. / Seibel, Wolfgang / Priller, Eckard / Zimmer, Anette (2002): Der Nonprofit Sektor in Deutschland. In: Badelt, Christoph (Hrsg.): Handbuch der Nonprofit Organisationen. Strukturen und Management. 3., überarb. u. erw. Aufl. Stuttgart: Schäffer-Poeschel.

Anthony, R. N. / Young, D. (1994): Management control in nonprofit organizations. 5. ed. Burr Ridge, Ill.: Irwin.

Badelt, Christoph (Hrsg.) / Pomper, Florian (Mitarb.) (2002): Handbuch der Nonprofit Organisation. Strukturen und Management. 3., überarb. u. erw. Aufl. Stuttgart: Schäffer-Pöschel.

Banner, Gerhard (1993): Von der Behörde zum Dienstleistungsunternehmen – Ein neues Steuerungsmodell für die Kommunen. In: Organisationsentwicklung. Spezial 2: Veränderungsstrategien im Non-Profit-Bereich. Zürich: Verl. Organisationsentwicklung und Management.

Baumann, Zygmunt (2003): Flüchtige Moderne. Frankfurt am Main: Suhrkamp.

Beck, Ulrich (1999): Die Zukunft der Arbeit oder die politische Ökonomie der Unsicherheit. In: *Berliner Journal für Soziologie*, Bd. 9, H. 4, S. 467-478.

Beher, Karin / Krimmer, Holger / Rauschenbach, Thomas / Zimmer, Anette (2008): Die vergessene Elite. Führungskräfte in gemeinnützigen Organisationen. Weinheim und München: Juventa.

Biedenkopf, Kurt (1993): Im Osten nichts Neues? Eine andere Politik für Gesamtdeutschland. In: Veränderungsstrategien im Non-Profit-Bereich. Organisationsentwicklung, Spezial 2: Veränderungsstrategien im Non-Profit-Bereich. Zürich: Verl. Organisationsentwicklung und Management.

Biehal, Franz (Hrsg.) (1994): Lean Service. Dienstleistungsmanagement der Zukunft für Unternehmen und Non-Profit-Organisationen. 2. durchges. Aufl. Bern, Stuttgart: Haupt.

Billis, David (ed.) (2010): Hybrid organizations and the Third Sector. Challenges for practice, theory and policy. London, New York: Palgrave Macmillan.

Bogumil, Jörg (2003): Ökonomisierung der Verwaltung. In: Czada, Roland / Zintl, Reinhard (Hrsg.): *Politik und Markt = Politische Vierteljahresschrift – PVS*, Sonderheft 34/2003. 2. Aufl. Wiesbaden: VS Verl. für Sozialwissenschaften.

Bogumil, Jörg / Kuhlmann, Sabine (2004): Zehn Jahre kommunale Verwaltungsmodernisierung. Ansätze einer Wirkungsanalyse. In: Jann, Werner u.a.: Status-Report Verwaltungsreform – Eine Zwischenbilanz nach 10 Jahren. Berlin: edition sigma, S. 51-63.

Bolz, Norbert (2009): Profit für alle. Soziale Gerechtigkeit neu denken. Hamburg: Murmann.

Brinkmann, Johanna / Pies, Ingo (2004): Der Global Compact als Beitrag zur Global Governance: Bestandsaufnahme und Entwicklungsperspektiven. In: Czada, Roland / Zintl, Reinhard (Hrsg.): *Politik und Markt = Politische Vierteljahresschrift – PVS*, Sonderheft 34/2003. 2. Aufl. Wiesbaden: VS Verl. für Sozialwissenschaften.

Buestrich, Michael / Wohlfahrt, Norbert (2008): Die Ökonomisierung der Sozialen Arbeit. In: *Aus Politik und Zeitgeschichte*, Bd. 58, Nr. 12/13, S. 17-24

Castells, Manuel (2001): Bausteine einer Theorie der Netzwerkgesellschaft. In: *Berliner Journal für Soziologie*, Bd. 11, H. 4, S. 423-439.

Castells, Manuel (2002): Die Macht der Identität. (Das Informationszeitalter, T. 2.) Opladen: Leske + Budrich.

Castells, Manuel (2003): Jahrtausendwende. (Das Informationszeitalter, T. 3.) Opladen: Leske + Budrich.

Czada, Roland (2004): Grenzprobleme zwischen Politik und Markt, Einleitung. In: Czada, Roland / Zintl, Reinhard (Hrsg.): *Politik und Markt =*

Politische Vierteljahresschrift – *PVS*, Sonderheft 34/2003. 2. Aufl. Wiesbaden: VS Verl. für Sozialwissenschaften

Drösser, Christoph / Hamann, Götz (2011): Die Guten im Netz. Von Menschen für Menschen: Wie ist Wikipedia zum Weltlexikon geworden? In: *Die Zeit*, Nr. 3, 13. Januar 2011, S. 27-28.

Edding, Cornelia (1993): Vorschrift und Sehnsucht. Der öffentliche Dienst im Banne der Wirtschaft. In: Organisationsentwicklung. Spezial 2: Veränderungsstrategien im Non-Profit-Bereich. Zürich: Verl. Organisationsentwicklung und Management.

Engelhardt, Hans Dietrich / Graf, Pedro / Schwarz, Gotthart (2000): Organisationsentwicklung. 2. überarb. Aufl. Augsburg: Ziel.

Fasching, Harald / Lange, Reingard (Hrsg.) (2005): Sozial managen. Grundlagen und Positionen des Sozialmanagements zwischen Bewahren und radikalem Verändern. Bern, Stuttgart, Wien: Haupt.

Fatzer, Gerhard (Hrsg.) (1993): Organisationsentwicklung für die Zukunft. Köln: EHP.

Frantz, C. (2004): Karriere in NGOs. Habilitationsschrift. Vorgelegt am Institut für Politikwissenschaft im Fachbereich 6, Erziehungswissenschaft und Sozialwissenschaften der Westfälischen Willhelms-Universität Münster.

Frerich, Johannes / Frey, Martin (1993): Handbuch der Geschichte der Sozialpolitik in Deutschland. München: Oldenbourg.

Fuchs, Rüdiger (1993): Gesellschafter in Non-Profit-Organisationen – Ein Faktor für programmierte Verluste? In: Organisationsentwicklung. Spezial 2: Veränderungsstrategien im Non-Profit-Bereich. Zürich: Verl. Organisationsentwicklung und Management.

Fürstenberg, Friedrich (1995): Soziale Handlungsfelder. Strukturen und Orientierungen. Opladen: Leske + Budrich.

Giddens, Anthony (2003): Zitiert nach Hofmann, Gunther: Kabinett der Mittelstreckenläufer. In: Die Zeit, Nr. 34, 11. März 2003.

Grossmann, Ralph (2004): Organisationsentwicklung in der Reform öffentlicher Leistungen: Auf den Nutzen kommt es an. Wien, New York: Springer.

Häfele, Walter (1990): Systemische Organisationsentwicklung. Eine evolutionäre Strategie für kleine und mittlere Organisationen. Frankfurt a.M.: Lang.

Händeler, Erik (2009): Kondratieffs Welt. Wohlstand nach der Industriegesellschaft. 4. Aufl. Moers: Brendow.

Hall, Peter A. / Gingerich, Daniel W. (2004): Spielarten des Kapitalismus und institutionelle Komplementarität in der Makroökonomie – Eine empirische Analyse. In: *Berliner Journal für Soziologie*, Bd. 14, H. 1, S. 5-32.

Hartmann, Martin / Offe, Claus (Hrsg.) (2001): Vertrauen. Die Grundlagen des sozialen Zusammenhalts. Frankfurt, New York: Campus.

Hasse, Raimund / Krücken, Georg (1999): Neo-Institutionalismus. Bielefeld: Transcript-Verl.

Jessen, Jens (2005): Fegefeuer des Marktes. In: *Die Zeit*, Nr. 30, 21. Juli 2005.

Kaufmann, Franz-Xaver (2003): Varianten des Wohlfahrtsstaats. Der deutsche Sozialstaat im internationalen Vergleich. Frankfurt am Main: Suhrkamp.

Kaufmann, Franz-Xaver (2005): Schrupfende Gesellschaft. Vom Bevölkerungsrückgang und seinen Folgen. Frankfurt am Main: Suhrkamp.

Khanna, Parag (2011): Wie man die Welt regiert. Zitiert nach einem stark gekürzten Vorabdruck »Willkommen bei den neuen Mächtigen«. In: *Die Zeit*, Nr. 9, 24. Februar 2011.

Kieser, Alfred (Hrsg.) (2002): Organisationstheorien. 5. Aufl. Stuttgart: Kohlhammer.

Klages, Philipp (2006): Zwischen institutioneller Innovation und Reproduktion. Zum Wandel des deutschen Corporate Governance-Systems in den 1990ern. In: *Berliner Journal für Soziologie*, Bd. 16, H. 1, S. 37-54.

König, Eckard / Volmer, Gerda (1999): Systemische Organisationsberatung. Grundlagen und Methoden. 6. Aufl. Weinheim: Deutscher Studien Verlag.

Lewin, Kurt (1982): Feldtheorie. (Kurt-Lewin-Werkausgabe. Hrsg von Carl Friedrich Graumann. Bd. 4.) Bern: Huber.

Lipset, S. M. (1996): American exceptionalism. A double-edged sword. New York: Norton.

Littich, Edith (2002): Finanzierung von NPOs. In: Badelt, Christoph (Hrsg.): Handbuch der Nonprofit Organisation. Strukturen und Management. 3. überarb. u. erw. Aufl. Stuttgart: Schäffer-Pöschel, S. 361-380.

Luckmann, Thomas (1991): Die unsichtbare Religion. Frankfurt am Main: Suhrkamp.

Lung, Helmut (1998): Nonprofit-Management. Führen, Verwalten, ISO 9000. München, Basel: Reinhardt.

Merkel, Wolfgang (2001): Soziale Gerechtigkeit und die drei Welten des Wohlfahrtskapitalismus. In: *Berliner Journal für Soziologie*, Bd. 11, H. 2, S. 135-157.

Moos, André von (2004): Besonderheiten der Governance in Nonprofit-Organisationen. In: Voggensperger, Ruth C. u.a. (Hrsg.): Gutes besser tun. Corporate Governance in Nonprofit-Organisationen. Bern, Stuttgart, Wien: Haupt.

Münch, Richard (1995): Dynamik der Kommunikationsgesellschaft. Frankfurt am Main: Suhrkamp.

Münch, Richard (2001): Offene Räume. Soziale Integration diesseits und jenseits des Nationalstaats. Frankfurt am Main: Suhrkamp.

Namokel, Herbert / Rösner, Dieter (Hrsg.) (2010): Change Management Lexikon. Praxiswissen für Veränderungsprozesse. Düsseldorf: Symposion.

Osterhammel, Jürgen / Petersson, Nils P. (2003): Geschichte der Globalisierung. Dimensionen, Prozesse, Epochen. München: Beck.

Pechar, Hans (2004): Über Veränderungen im Verständnis »öffentlicher Güter«. In: Grossmann, Ralph / Scala, Klaus (Hrsg.): Das Öffentliche organisieren. Wien, New York: Springer.

Peetz, Thorsten / Lohr, Karin (2010): Arbeit und Organisation in der funktional differenzierten Gesellschaft. Ein theoretischer Rahmen zur Analyse von Arbeit, illustriert am Beispiel von Unternehmen und Schulen. In: *Berliner Journal für Soziologie*, Bd. 20, H. 4, S. 447-473.

Petzold, Hilarion G. (1993): Integrative Therapie. Modelle, Theorien und Methoden für eine schulenübergreifende Psychotherapie. Bd. 1: Klinische Philosophie. Paderborn: Junfermann.

Priller, Eckhard / Zimmer, Anette (2001): Der Dritte Sektor in Deutschland. Wachstum und Wandel. In: Reihe: Konzepte@Stiftungen 2. Gütersloh: Bertelsmann Stiftung.

Probst, Gilbert J. B. (1993): Organisation. Strukturen, Lenkungsinstrumente, Entwicklungsperspektiven. Landsberg/Lech: Verl. Moderne Industrie.

Purtschert, Robert (2002): Vorwort zur 4. Auflage. In: Schwarz, Peter / Purtschert, Robert / Giroud, Charles / Schauer, Reinbert: Das Freiburger Management-Modell für Nonprofit-Organisationen (NPO). 4. Aufl. Bern, Stuttgart, Wien: Haupt.

Reinicke, Wolfgang H. (1997): Global public policy. In: *Foreign affairs*, vol. 76, no. 6, p. 127-138. – http://top10headline.com/attachements364_Academic%20paper.pdf [Zugriff am 15.03.2011].

Rosa, Hartmut (2005): Beschleunigung. Die Veränderung der Zeitstruktur in der Moderne. Frankfurt am Main: Suhrkamp.

Röpke, Wilhelm (1961): Jenseits von Angebot und Nachfrage. 3. Aufl. Erlenbach-Zürich: Rentsch.

Rüb, Friedbert W. (2004): Vom Wohlfahrtsstaat zum »manageriellen Staat«? Zum Wandel des Verhältnisses von Markt und Staat in der deutschen Sozialpolitik. In: Czada, Roland / Zintl, Reinhard (Hrsg.): *Politik und Markt = Politische Vierteljahresschrift – PVS*, Sonderheft 34/2003. 2. Aufl. Wiesbaden: VS Verl. für Sozialwissenschaften.

Schade, Janette (2002): »Zivilgesellschaft« – Eine vielschichtige Debatte. In: INEF Report, H. 5, Institut für Entwicklung und Frieden der Gerhard-Mercator-Universität Duisburg. – http.//inef.uni-due.de/page/documents/Report59.pdf [Zugriff am 20.02.2011].

Schein, Edgar H. (1993): Organisationsberatung für die neunziger Jahre. In: Fatzer, Gerhard (Hrsg.): Organisationsentwicklung für die Zukunft. Köln: EHP. S. 405-420.

Schein, Edgar H. (2003): Organisationskultur. »The Ed Schein Corporate Culture Survival Guide«. Bergisch Gladbach: EHP.

Schmidt, Eva Renate / Berg, Hans Georg (2002): Beraten mit Kontakt. Handbuch für Gemeinde- und Organisationsberatung in der Kirche. Frankfurt am Main: Gabal-Verl.

Schmidt-Lellek, Christoph J. (2006): Ressourcen der helfenden Beziehung. Modelle dialogischer Praxis und ihre Deformation. Bergisch Gladbach: EHP.

Schulze, Marion (1997): Profit in der Nonprofit-Organisation. Wiesbaden: Gabler.

Schiedner, Felix (2000): Modernisierung ohne Organisationsentwicklung? Wege zu einer integrativen Entwicklung organisatorischer Potentiale in der deutschen Verwaltungsmodernisierung. München, Mehring: Hampp.

Schwarz, Peter / Purtschert, Robert / Giroud, Charles / Schauer, Reinbert (1999): Das Freiburger Management-Modell für Nonprofit-Organisationen (NPO), 4. Aufl. Bern, Stuttgart, Wien: Haupt.

Senge, Peter M. (1998): Die Fünfte Disziplin. 5. Aufl. Stuttgart: Klett-Cotta.

Sennet, Richard (2000): Der flexible Mensch. Die Kultur des neuen Kapitalismus. 7. Aufl. Berlin: Siedler.

Steger, Manfred B. (2003): Globalization. A very short introduction. New York: Oxford University Press.

Theuvsen, Ludwig (2003): Zwischen Mission und »muddling through«. Anmerkungen zur Strategiefähigkeit von Nonprofit-Organisationen. In: Arbeitskreis Nonprofit-Organisationen (Hrsg.): Mission Impossible? Strategien im dritten Sektor. (Sonderveröffentlichung, SD 37.) Frankfurt am Main: Eigenverl. des Deutschen Vereins für öffentliche und private Fürsorge.

Titmus, Richard (1973): The gift relationship: From human blood to social policy. London: Penguin.

Voggensperger, Ruth C. u.a. (Hrsg.) (2004): Gutes besser tun. Corporate Governance in Nonprofit-Organisationen. Bern, Stuttgart, Wien: Haupt.

Wagner, Antonin (2002): Der Nonprofit Sektor in der Schweiz. In: Badelt, Christoph (Hrsg.): Handbuch der Nonprofit Organisation. Strukturen und Management. 3. Aufl. Stuttgart: Schäffer-Poeschel.

Weber, Max (1995): Schriften zur Soziologie. Stuttgart: Reclam.

Weisbrod, Burton A (1988): The non-profit economy. Cambridge, Ma: Harvard University Press.

Wex, Thomas (2003): Die Strategie erwerbswirtschaftlicher Ökonomisierung. Eine Kritik und ein Plädoyer für eine genuine Nonprofit-

Ökonomik. In: Arbeitskreis Nonprofit-Organisationen (Hrsg.): Mission Impossible? Strategien im Dritten Sektor. (Sonderveröffentlichung, SD 37.) Frankfurt am Main: Eigenverl. des Deutschen Vereins für öffentliche und private Fürsorge.

Wimmer, Rudolf (2004): OE am Scheideweg. Hat die Organisationsentwicklung ihre Zukunft bereits hinter sich? In: *Organisationsentwicklung*, 1, S. 26-39.

Wolf, Jochen (Hrsg.) (1999): Kursbuch Vereinsmanagement. Alles, was Ehren- und hauptamtliche wissen müssen. Wien, Frankfurt: Ueberreuter.

Zöller, Paul (1994): Zwischen Sammelbüchse und PC? Dienstleistungsmanagement in sozialcaritativen Organisationen. In: Biehal, Franz (Hrsg.): Lean Service. Dienstleistungsmanagement der Zukunft für Unternehmen und Nonprofit-Organisationen. 2. Aufl. Bern, Stuttgart: Haupt.

Zoll, Rainer (2000): Was ist Solidarität heute? Frankfurt am Main: Suhrkamp.

Edgar H. Schein

PROZESS UND PHILOSOPHIE DES HELFENS

Grundlagen und Formen der helfenden Beziehung für Einzelberatung, Teamberatung und Organisationsentwicklung

Aus dem Amerikanischen von Irmgard Hölscher

EHP-Organisation · ISBN 978-3-89797-061-8 · 224 Seiten, Hardcover

Schein entwickelt in diesem Buch, das sein System von Beratungswissenschaft abrundet, wie man in persönlichen Beziehungen, Teams und Organisationen Hilfe verständnisvoll anbietet, effektiv leistet und vertrauensvoll annimmt: Hilfe als System.

In seinen Ansätzen von »Prozessberatung« (*Prozessberatung für die Organisation der Zukunft*, 978-3-89797-010-6), »Kulturentwicklung« (*Organisationskultur*, 978-3-89797-014-4), »Karriereanker« (*Karriereanker* und *Führung und Veränderungsmanagement*, 978-3-89797-056-4) sowie »Lerngeschichte« (*Aufstieg und Fall von Digital Equipment Corporation*, 978-3-89797-027-4) stellen die Konzepte von Führung und Helfender Beziehung die Grundlagen jedes Veränderungsmanagements dar. Mit diesem Buch hat er sich nun der systematischen Darstellung von Hilfe als System angenommen.

»*Helping is a fundamental human relationship.*«

Christoph J. Schmidt-Lellek

RESSOURCEN DER HELFENDEN BEZIEHUNG

Modelle dialogischer Praxis und ihre Deformationen

ISBN 978-3-89797-040-3 · 390 Seiten

Der Autor wendet sich an Professionelle in allen helfenden und beratenden Berufen und an Studierende (Psychologie, Psychotherapie, Medizin, Sozialarbeit, Sozialpädagogik, psychosoziale Beratung, Seelsorge, Supervision, Coaching) und lenkt die Aufmerksamkeit auf eine zentrale Kategorie für die Qualität helfenden Handelns: auf das Beziehungsgeschehen zwischen den Beteiligten: die Bedeutung der dialogischen Haltung für helfendes Handeln und deren Merkmale; die kulturgeschichtlichen, religiösen und philosophischen Ressourcen dieser Haltung, die eine Reflexionskultur in den helfenden Berufen unterstützen. Diese Ressourcen werden Praktikern hier zum ersten Mal zugänglich gemacht. Eine differenzierte Auseinandersetzung mit Ressourcen und Modelltypen erleichtert es, deren Bedeutung für die Praxis zu erkennen und zugleich ihre möglichen Ambivalenzen (»Helfer-Kitsch«, Grenzverletzungen, Machtmissbrauch) wahrzunehmen und zu reflektieren.

»*Eine bedeutende Erweiterung des Wissens, auch in beruflicher und praktischer Hinsicht.*« (Nando Belardi, Technische Universität Chemnitz)

»*Die Darstellung hat eine Qualität, die auch Studierenden und interessierten Laien zugänglich ist.*«
(Bernhard Koring, Technische Universität Chemnitz)

»*Der Autor behandelt die Thematik der Helferberufe aus einer disziplinübergreifenden Perspektive, was nicht nur ein neuer Ansatz ist, sondern auch zu höchst differenzierten, bisher nicht berücksichtigten Forschungsergebnissen führt.*« (Werner Wiater, Universität Augsburg)